Sylvie Vallée

L'abondance

par la

Nature

Comment attirer l'argent et tous vos rêves.

Un guide inspirant d'idées et d'outils spirituels qui
changera votre vie et votre situation financière
au-delà de vos espérances.

Éditeur : Sylvie Vallée
Conception de la couverture : lpulicidades.com
Première impression : 2011
Dépôt légal : 2011

Vallée, Sylvie, 1963-

    L'abondance par la nature :
            Comment attirer l'argent et tous vos rêves.

    Comprend des réf. Bibliogr.

    ISBN 978-2-924035-00-9

    1. Succès-Aspect psychologique. 2 Richesse. 3. Change-
ment (Psychologie). . I. Titre.

    BF637.S8V34 2011   158.1   C2011-942066-X

www.abondanceparlanature.com
www.abundancethrunature.com

*Dans ces pages, vous accéderez
à des techniques simples vous permettant
ainsi de vous attirer tous vos désirs.
La Loi de l'Attraction y est simplifiée
et les idées présentées inspireront
les familles à comprendre
comment attirer leurs rêves
en améliorant
leurs pensées, leurs paroles,
leurs émotions et leurs vibrations
tout en s'amusant.*

Table des matières

Mes remerciements sincères.

À la nature qui m'est si chère et qui m'a permis de grandir à travers sa beauté et son abondance. Également, aux chevaux et aux chiens qui m'ont donné accès à des enseignements si précieux me permettant de prendre contact avec ma véritable nature.

À notre école d'équitation pour l'inspiration qu'elle nous a donnée de transposer notre enseignement à un tout autre niveau. J'ai eu le privilège d'être témoin de multiples transformations positives et, avec notre équipe, nous sommes reconnaissants d'avoir contribué à ces améliorations.

À Joe Vitale, Rhonda Byrne, Jack Candfield, Anthony Robbins et de nombreux autres, pour leurs livres et outils de croissance personnelle qui m'ont permis de comprendre de nombreux concepts me permettant d'évoluer plus rapidement.

À Peak Potential pour son enseignement sur le concept d'un esprit riche et ouvert ainsi que sur la gestion financière.

À Total Blueprint pour sa formation de qualité qui m'a stimulée à partager mon message.

À tous ceux que j'ai eu le privilège de côtoyer dans ma vie et qui ont contribué à faire de moi une meilleure personne qui puisse cheminer vers un parcours plus prometteur et satisfaisant.

Le plus gros MERCI à ma famille.

À mes parents pour leur enseignement et les valeurs qu'ils m'ont transmises, qui sont les bases de mon enseignement.

À mon merveilleux époux Sylvain, qui m'a laissée cheminer sans toujours comprendre et qui m'offre son appui inconditionnel.

À mes cinq filles adorées, Vanessa, Kaïla, Mandy, Rose-Marie et Megan, pleines de passion et qui sont mes sujets d'inspiration. Leur joie de vivre, leur énergie, leur bonté et leurs rêves me stimulent à toujours me dépasser et à aider les autres à faire de même.

Préface

Votre route vers le bonheur,
l'abondance, la richesse et la santé
se révèle tout naturellement.
Sylvie Vallée

*B*ienvenue et félicitations!

J'aimerais vous féliciter pour avoir pris la décision de cheminer vers tout ce que vous pouvez imaginer de meilleur et qui vous est destiné. Vous le méritez!

Si vous n'avez pas encore connu le succès ou le bonheur, c'est peut-être tout simplement parce que vous n'avez pas encore découvert le secret pour y arriver. Avez-vous l'impression que malgré tous les efforts que vous faites pour accéder à vos rêves et à quelque chose de meilleur, vous faites du sur-place pour ce qui est des résultats?

Le secret est tout simple. C'est en fait, une loi universelle, la Loi de l'Attraction. Elle stipule que "Ce sur quoi nous portons notre attention, nous l'attirons dans notre vie".

Cette Loi de l'Attraction est activée de diverses façons. Chacun peut personnaliser ses pouvoirs d'attraction. Pour ma part, j'ai développé une méthodologie qui m'a permis de créer des miracles. À travers les chapitres qui suivent, je vous révèle les détails de cette méthodologie. Vous comprendrez comment, vous aussi, vous pouvez appliquer les dix étapes de mon processus de Création "Touch of Nature". C'est absolument amusant et facile et vous constaterez rapidement des résultats.

VOUS CRÉEZ
CE SUR QUOI
VOUS CONCENTREZ
VOS PENSÉES.

Si vos pensées sont constamment centrées sur le manque d'argent, la maladie ou votre malheur, alors c'est exactement ce que vous attirerez dans votre vie.

Si, par contre, vos pensées sont dirigées sur l'abondance, le bonheur, la santé, la prospérité, alors c'est encore ce que vous récolterez. N'est-ce pas beaucoup mieux? Toutefois, il est difficile de porter notre attention sur ce que l'on n'a pas. Des pensées inconscientes peuvent également nous empêcher d'avoir ce que l'on désire. Nous discuterons, un peu plus loin, de façon plus approfondie de ce sujet.

La bonne nouvelle est que nous pouvons réapprendre à aligner notre focus sur ce que nous désirons afin de l'attirer dans notre vie.

Vous n'avez pas besoin d'avoir quoi que ce soit pour réussir. Tout le monde peut le faire, même les enfants. Il suffit de conditionner votre esprit à travers des processus simples et diversifiés.

Ma vie s'est complètement transformée au-delà de toutes mes attentes, dès que j'ai mis en application des étapes précises et utilisé des outils faciles et tout simples.

Je ne suis pas une personne différente de vous. J'ai connu mes lots d'épreuves, de difficultés et de limitations financières. Mon parcours a été une quête intense vers le bonheur et l'abondance. Comme plusieurs d'entre vous, j'ai lu d'innombrables livres et assisté à de nombreux séminaires. Mais, je cherchais à combler ce vide intérieur qui me permettrait de m'épanouir.

J'ai vécu des expériences difficiles où j'ai appliqué certains principes de façon intuitive. J'ai obtenu des résultats tellement plus extraordinaires que je ne pouvais imaginer. J'ai alors développé un intérêt, assimilé et expérimenté une multitude de concepts et de produits liés à la croissance personnelle.

Mes expériences personnelles ainsi que ma passion pour tout ce qui traite du bonheur, de l'abondance, de la richesse, de l'amour et de la santé m'ont permis de développer des techniques qui ont complètement transformé ma vie, celle de ma famille, ainsi que la vie de nombreuses familles.

Tout le monde peut utiliser ce matériel amusant, même les enfants. Il est même très important de donner accès à cette information aux familles et aux enfants. Les familles et les enfants sont le noyau de notre société.

En informant vos familles et en partageant les outils qui vous sont proposés, c'est un monde meilleur que vous créez pour vous-même et pour ceux que vous aimez. Vous devenez ainsi les pionniers de ce nouveau mouvement permettant à chacun de se connecter à sa source et à ses pouvoirs créateurs à travers l'abondance de la nature.

En modifiant nos croyances sur notre conception de la vie et des pouvoirs que nous possédons tous, nous découvrons l'accès à un univers de possibilités. La nature est si énergisante et nous pouvons tous l'utiliser pour améliorer notre vie.

Notre monde est en évolution et nous sommes dans la période idéale pour faire quelques ajustements qui ont le pouvoir de transformer notre réalité.

Plusieurs personnes déjà ont prouvé que nous pouvons créer notre réalité. Nous possédons tous des pouvoirs créateurs. Nous devons maintenant apprendre à les articuler afin d'obtenir ce à quoi nous rêvons. Le Processus de Création "Touch of Nature" que je vous propose a transformé ma vie et celle de nombreuses personnes et familles.

C'est maintenant à votre tour de le découvrir et d'attirer la magie dans votre vie. Vous verrez comme c'est amusant d'évoluer et de vous épanouir à votre tour.

Chapitre 1

Introduction

Qu'est-ce que vous désirez?

Voulez-vous attirer bonheur, santé, abondance, richesse, amour, joie, paix? Tous vos désirs sont permis.

Pour certains, le bonheur c'est d'être libres, alors que pour d'autres, c'est tout simplement d'être auprès de ceux qu'ils aiment et partager de bons moments ensemble.

Certains encore visent la santé. Encore ici, l'interprétation de la santé est différente pour chacun. Mais tous, nous aspirons à profiter pleinement de la vie dans un corps qui nous permet de le faire.

Pour plusieurs, l'abondance, l'argent ou tout ce que cela peut nous procurer, éveillent un intérêt certain. Vous avez tous différents rêves et vous pouvez les réaliser!

Maintenant, plus que jamais, c'est le moment idéal pour vous réaligner vers votre plein potentiel.

Nous réalisons tous que notre façon de fonctionner a créé un monde fragile. Notre économie n'est pas florissante, une grande partie de la population perd des biens que la plupart a mis une vie à acquérir, les familles vivent des ruptures plus que jamais, les gens consomment des drogues et des médicaments en quantité croissante… En résumé, trop de gens sont malheureux. La majorité cherche le bonheur dans des biens physiques ou des plaisirs immédiats. Nous devons maintenant comprendre que notre monde peut être bien meilleur et nous avons le pouvoir de créer ce monde meilleur.

Même si la porte du bonheur n'a pas de clé, trop de gens ont peur de tourner la poignée de cette porte qui donne accès au bonheur et à une vie meilleure.

La physique quantique prouve que nous pouvons modifier notre réalité par nos pensées, nos paroles et nos vibrations. De nombreuses expériences ont été réalisées pour prouver cette réalité.

À travers la technologie, nous avons aussi maintenant accès à une diversité d'outils et d'informations qui ouvrent la voie à une multitude de possibilités.

Ce livre est rempli d'outils simples et inspirants qui ont le pouvoir de transformer votre vie. J'ai réussi à le faire ainsi que de nombreuses autres personnes. L'approche que je suggère est amusante, simple et tellement puissante. Des résultats peuvent apparaître plus rapidement que vous ne pouvez l'espérer. Vous êtes sur le point de découvrir plusieurs de mes petits secrets. Je vous guide jusqu'à la dernière page. Utilisez ce matériel aussi souvent que vous le voulez.

Le processus de création que j'utilise avec succès est présenté et détaillé à travers les chapitres qui suivent.

Voici les étapes du **Processus de Création "Touch of Nature"** que vous découvrirez :

1) Être reconnaissant pour tout ce qui est beau et bon.

2) Constater ce que vous ne voulez plus.

3) Définir ce que vous désirez.
   (Je veux – Pourquoi?)

4) Élaborer votre intention (votre désir) et la mettre par écrit.

5) Formuler des affirmations qui soutiennent votre intention (désir).

6) Croire avec certitude que c'est possible.

7) Visualiser votre vie avec votre intention réalisée.

8) Faire comme si votre intention est réalisée.

9) Prendre action pour réaliser votre intention (désir).

10) Se détacher des résultats, lâcher prise.

En évoluant à travers les chapitres de ce livre, vous comprendrez pourquoi certains deviennent des aimants qui attirent tout ce qu'ils désirent, alors que d'autres repoussent tout.

Certaines des étapes proposées pourront demander certains efforts. Toutefois, je vous simplifie souvent la tâche en vous offrant des exemples ou des petits trucs.

Vous pouvez tous réussir en vous amusant et en vous inspirant de la nature. Si j'ai été capable de le faire, et si de nombreuses personnes et familles ont également transformé leur vie, vous le pouvez aussi.

J'aimerais vous aider à accéder à une vie meilleure à travers des raccourcis et notre matériel inspirant. Vous pourrez ainsi vous épargner des années d'incertitude et d'expériences désagréables. J'aurais tellement aimé avoir eu accès à ce genre de matériel plus tôt dans ma vie.

Les secrets et les étapes révélés dans ce livre sont basés sur mes recherches, mes expériences et mes succès. Avant de les appliquer, j'ai fait beaucoup d'erreurs et d'expériences désagréables que j'aimerais éviter à d'autres. J'ai travaillé si fort que j'en ai perdu ma santé à un certain moment. Je me sentais poussée dans toutes les directions et les expériences désagréables se succédaient. Je sais bien que plusieurs d'entre vous vivent des expériences similaires. Je sais exactement comment l'on peut se sentir au fond de ce gouffre. Nous cherchons tous le soleil dans notre vie. Je l'ai trouvé et j'aimerais partager ce cheminement avec vous afin d'accélérer l'apparition de vos résultats.

Un ami m'a dit un jour que, si je désirais faire un monde meilleur, je devais d'abord faire de moi une personne meilleure ce qui contribuerait à améliorer notre monde. J'aimerais sincèrement qu'ensemble nous devenions tous des meilleures personnes en libérant notre véritable potentiel et en apprenant à attirer tout ce que nous désirons pour le plus grand bien de tous.

POUR CONTRIBUER À FAIRE UN MONDE MEILLEUR, IL SUFFIT DE DEVENIR UNE MEILLEURE PERSONNE.

Ce livre n'est pas seulement un guide pratique, c'est mon histoire.

Je ne prétends pas tout connaître, mais ce que j'ai appris et expérimenté et qui a fonctionné dans ma vie, je veux le partager avec vous. Si cela peut vous inspirer et vous aider, j'en serais comblée. J'apprends et j'évolue toujours, comme vous tous. Je découvre constamment de nouvelles méthodes qui me permettent d'attirer ce que je veux dans ma vie. J'ai compris que nos pouvoirs d'attraction augmentent considérablement lorsque nous dégageons beaucoup d'amour. Voilà pourquoi la Loi de l'Attraction est également appelée la Loi de l'Amour.

Je vous confie des périodes de ma vie où j'ai vécu des épreuves qui se sont avérées très difficiles lorsque je les traversais. Toutefois, les plus difficiles ont aussi été les plus enrichissantes au niveau spirituel. Cela m'a permis de grandir et de trouver une force en moi que je ne connaissais pas encore.

J'ai compris une leçon de vie: pour avancer et grandir, on doit concentrer notre attention sur les solutions. On ne doit pas rester à gémir et à se plaindre. En somme, on doit simplement apprendre à penser d'une nouvelle façon en concentrant notre attention sur les choses que l'on aime pour lesquelles nous éprouvons de l'amour. C'est une façon de penser tellement constructive et complètement différente de la façon dont nous avons été conditionnés à penser.

Vous pouvez maintenant vous réjouir de voir votre vie remplie de tout ce à quoi vous aspirez: bonheur, santé, abondance, richesse, amour, joie ou paix. Vous êtes sur le point de vous attirer et de créer la vie dont vous rêvez pour vous et votre famille.

☯ Actions recommandées

Réjouissez-vous, vos rêves se rapprochent.
Visitez notre site
www.abondanceparlanature.com
Vous y trouverez du matériel gratuit.

Chapitre 2

Mon histoire, le début de ma transformation.

*A*ujourd'hui, je suis heureuse et j'éprouve tant de gratitude!

Ma vie s'est tellement améliorée depuis les dernières années. Je ne dis pas ceci pour être prétentieuse, mais bien pour vous faire comprendre que le changement peut arriver si rapidement et de façon tellement plus positive que l'on ne peut imaginer.

Comme je suis reconnaissante!

Maintenant, avec ma famille, je vis une vie de rêve et elle s'améliore constamment. Ensemble, nous mettons en pratique les étapes du Processus de Création "Touch of Nature". Pour ma part, j'apprécie la nature qui m'inspire et je m'occupe de ce qui me passionne, c'est-à-dire aider les familles à devenir des aimants pour attirer leurs rêves.

Nos filles vivent leurs passions respectives et nous sommes là, Sylvain et moi, pour les appuyer dans la réalisation de leurs rêves.

Nous contribuons, à notre façon, à faire un monde meilleur. Nous privilégions l'utilisation de la nature dans nos vies et dans celle de notre entourage. Cela se révèle très bénéfique!

N'est-ce pas notre véritable nature que de vivre en équilibre avec les diverses formes de vie et d'énergie qui nous entourent? Nous devons tendre à notre équilibre pour être heureux et attirer ce que nous désirons dans notre vie. La nature peut nous révéler tant de secrets et nous aider à accéder à cet équilibre.

Notre vie n'a pas toujours été aussi facile pour ma famille et moi. Lorsque nous nous sommes rencontrés Sylvain et moi, nous n'avions rien, à part lui qui possédait son gros bolide, un Dodge Charger, et moi, ma machine à coudre. Par contre, nous avions un amour intense l'un pour l'autre. Sans argent, mais plein d'espoirs et de rêves, nous étions mariés à 21 ans. Moi, sans travail et Sylvain qui travaillait comme opérateur de machinerie lourde.

Nous avions décidé que nous voulions une grande famille. (Eh oui, 8 enfants, c'était assez ambitieux pour cette époque!) J'aimais tant les enfants. Je ne savais pas comment nous allions y arriver, mais je savais très bien ce que je désirais ardemment. Notre désir était ainsi lancé dans l'Univers…

J'ai commencé à travailler en informatique pour le gouvernement. Après deux ans, nous emménagions dans notre première maison et un an plus tard, Vanessa agrandissait notre famille en faisant de nous des parents comblés.

Lors des années qui suivirent, je fis trois fausses couches. Ce fut une période difficile pour nous qui désirions tant avoir une grande famille. Après une batterie de tests médicaux, on m'avait officiellement déclarée... "infertile". Dans ma quête constante de solutions, j'ai cherché au-delà de la médecine traditionnelle.

J'ai découvert la kinésithérapie, une science très nouvelle à cette époque. Dès ma première visite, ma praticienne, qui était également chiropraticienne, m'informa qu'un problème lié à ma colonne vertébrale bloquait l'irrigation de mes organes reproducteurs. Après quelques traitements, tout était rétabli et j'étais de nouveau enceinte. Je poursuivis ces traitements pendant toute ma grossesse et même par la suite.

À 40 semaines de grossesse, mon bébé n'était pas du tout décidé à quitter son petit nid. D'un commun accord avec mon médecin, nous avons décidé de laisser le bébé venir à son rythme. À 42 semaines, une échographie révéla que mon bébé ne se présentait pas bien. Il avait changé de position et je devais subir une césarienne. L'intervention fut pratiquée le jour même par une équipe de spécialistes. Ma petite fille Kaïla fut déposée dans mes bras quelques merveilleux instants. J'étais au comble de la joie!

Mais elle n'allait pas bien... Elle était de couleur bourgogne foncé et respirait anormalement fort sans émettre aucun son... Son cou était plus gros que sa tête. Il était si enflé. Son corps bougeait à peine. Je n'ai pas eu la joie de la tenir longtemps contre moi puisqu'elle fut emmenée immédiatement pour être installée sous observation.

Je ne pus la voir par la suite, puisqu'elle fut transférée dans un hôpital spécialisé pour enfants. J'étais bouleversée lorsqu'on m'informa de son transfert. Je ne pouvais même pas tenir mon enfant dans mes bras pour la réconforter et je ne pouvais plus me déplacer en marchant, suite à des complications de ma césarienne.

On nous informa, mon mari et moi, que Kaïla était gardée sous incubateur à cause de problèmes respiratoires issus de l'obstruction de ses voies respiratoires. Cela avait été causé par sa position prénatale. Les nouvelles sur son état de santé ne s'arrêtaient malheureusement pas là…

Elle était muette et avait un crâne beaucoup trop gros. La conclusion était qu'elle faisait de l'hydrocéphalie, communément appelé: tête d'eau. On nous expliqua qu'elle ne pourrait probablement jamais marcher et que son espérance de vie était approximativement de 12 ans. Pour couronner le tout, on nous informa qu'elle présentait un corps de petite fille, mais qu'elle était asexuée. Elle ne pourrait jamais se reproduire puisqu'il lui manquait ses chromosomes sexuels dans les tests sanguins…

Nous étions complètement anéantis. Surtout que je ne pouvais pas la tenir contre moi. Elle était si loin. J'avais besoin d'elle et elle de moi…

Dès ma sortie de l'hôpital, je pus enfin rendre visite à ma petite. Pour la science, on nous demanda d'effectuer des tests sur Kaïla en nous précisant que ce n'était pas douloureux. Lors d'une de mes visites, où je suis arrivée plus tôt, je vis ma petite Kaïla, avec des tubes dans la gorge, crier de douleur de tout son pauvre corps. Naturellement, elle n'émettait aucun son, mais son corps bleuté était crispé, son petit visage grimaçait de douleur, ses yeux étaient inondés de larmes et sa respiration irrégulière et extrême démontrait clairement qu'elle était en panique. Ce fut un choc de la voir souffrir ainsi. Mon corps ressentait toute sa douleur. J'étais tellement frustrée que l'on puisse faire ceci à mon enfant.

Le médecin tenta de m'expliquer que ce n'était pas douloureux et que cela contribuait à l'avancement de la science. Aucune parole ne pouvait convaincre la mère que je suis et qui ressentait ce que sa fille ressentait. Gentiment, j'ai exigé que tous ces tests soient arrêtés. Suite à mon refus de traitement, dès le lendemain, nous obtenions le congé d'hôpital pour Kaïla.

Quel bonheur d'emmener mon bébé à la maison après plus d'un mois de soins médicaux. Ce jour-là, je me suis fait la promesse de faire tout ce qu'il y avait de mieux pour ma fille, mais à ma façon, en suivant mon intuition.

Aussi, par le fait même, ce jour-là, sans en être consciente, j'ai activé les pouvoirs de la Loi de l'Attraction.

Nous avions désiré cet enfant avec tant d'ardeur et depuis si longtemps. Maintenant que Kaïla était enfin à la maison, nous pouvions l'entourer de toute notre tendresse. J'étais convaincue que, dans ce milieu rempli d'amour, elle pourrait évoluer à son rythme, dans un environnement de paix et d'harmonie.

J'avais quelques mois de congé de maternité devant moi avant mon retour au travail à temps plein.

Avec Vanessa, sa grande sœur, nous jouions "*À faire comme si...*". Comme si Kaïla chantait, dansait, marchait et jouait avec nous. Par exemple, en dansant, je tenais Kaïla dans mes bras et je disais "C'est ça Kaïla, c'est parfait! Danse avec nous. Encore un pas, comme ça. Allez, on bouge les bras...". Et nous y croyions, Vanessa et moi. On jouait si souvent. Vanessa prenait plaisir à inventer de nouveaux scénarios. J'embarquais dans ses jeux avec mon cœur d'enfant. De ses grands yeux, Kaïla semblait tellement comprendre ce que je faisais. Il y avait tant de profondeur dans son regard!

Tous les jours, je prenais de grandes marches à l'extérieur avec les filles. J'aimais respirer l'air frais, contempler la nature et admirer toute la diversité, l'abondance et la vie. Je rendais grâce pour toutes ces bénédictions. Je concentrais mon attention sur ma chance de pouvoir profiter de tout ceci et je partageais ma joie avec ma famille.

Parfois, j'avais des moments de découragement et je pleurais et priais. Ma grande fille Vanessa venait me voir et me consolait tendrement, comme un enfant de 5 ans sait si bien le faire. Les enfants comprennent tant de choses. J'en suis toujours émerveillée. Ils sont de véritables professeurs de la vie lorsque nous savons déceler leur enseignement.

Sylvain était également toujours présent pour voir les progrès de ses filles. Après les repas, il se couchait au sol, sur le tapis et, avec les filles, il jouait "aux manèges des parcs d'attractions". C'est ainsi que

Vanessa aimait appeler son jeu préféré. Les filles adoraient jouer avec leur papa. Elles grimpaient sur lui et il les faisait voler à bout de bras. C'était des grandes périodes de rires.

Après quelques mois, je demandai à Sylvain de m'accompagner à la Basilique Ste-Anne-de-Beaupré au Québec. J'étais inspirée à y aller. Dès le lendemain, toute notre petite famille partait pour Ste-Anne-de-Beaupré.

En entrant dans la basilique merveilleusement décorée d'œuvres artistiques, je ressens toujours une énergie si puissante et bienveillante. Tant de guérisons ont eu lieu à cet endroit! Sylvain partit avec Vanessa pour aller prier sur un banc d'église.

Pour ma part, avec ma petite Kaïla muette dans mes bras, je me rendis tout à l'avant devant la somptueuse statue de Ste-Anne. Je ne sais pourquoi, mais j'étais attirée vers cet endroit précis. Comme j'y étais maintenant habituée, je suivis mon inspiration. Je venais à cet endroit, sans attente, mais pour du réconfort.

J'ai fermé mes yeux et prié spontanément de tout mon être.

"Bonne Ste-Anne, je vous confie ma petite fille que j'aime tant. Acceptez-la comme votre enfant. Moi, en tant que mère terrestre, je ne peux faire plus pour elle que de l'aimer de toutes mes forces et la protéger. Je vois un futur si prometteur pour elle, mais je ne peux lui offrir. Soyez sa mère, bonne Ste-Anne, vous qui avez accès à une dimension dont je ne peux que rêver. Vous êtes

19

celle qu'il faut pour mon enfant. Je vous offre ainsi mon enfant. Puissiez-vous en faire une messagère de paix! Je remets ma confiance entre vos mains et je lâche prise. Merci d'entendre ma prière." Les yeux fermés et en pleurs, je soulevai mon enfant dans les airs pour l'offrir à Ste-Anne…

Je ne peux expliquer ce qui m'arriva par la suite. C'était comme irréel!

Je me sentis soulevée dans un nuage de lumière éblouissante et si apaisante! Tout était parfait, j'étais si bien… Je me sentais en sécurité. Je ne sais combien de temps dura cet enveloppement si chaleureux et bienfaisant. Dès que je repris mes sens, j'étais au même endroit dans la basilique, devant la statue de Ste-Anne avec mon enfant serré très fort contre mon cœur… Et je pleurais de joie et d'émotion…

Sans comprendre ce qui m'arrivait, je venais de lâcher prise en confiant mon enfant à Ste-Anne.

Lorsque je retrouvai Sylvain et Vanessa, je leur demandai, tout excitée, s'ils avaient vu cette lumière si réconfortante qui m'avait entourée et soulevée. Ils n'avaient pas regardé dans ma direction. Ils n'avaient rien vu et trouvaient cette histoire quelque peu bizarre.

J'étais si bien et je pleurais de joie! Ils voyaient bien et ressentaient l'émotion qui transpirait de moi. Toutefois, ils voulaient en savoir plus. Vanessa avec son côté imaginaire de petite fille de cinq ans embarquait dans mon récit.

En sortant de l'église, une nouvelle réalité, pleine de magie, nous attendait. Effectivement Kaïla, sans le savoir, nous offrait le plus beau cadeau que nous puissions espérer. Elle se mit à pleurer en émettant les premiers cris de sa courte vie. Des cris de petits pleurs d'enfant qui étaient si doux à mon oreille. Ses cordes vocales avaient repris vie! Nous étions au comble de la reconnaissance. Je fondis en larmes… comblée de bonheur!

C'était un miracle! Après ce jour, des miracles successifs arrivèrent…

Quelques jours plus tard, je reçus un appel de mon médecin qui m'annonçait que les dernières analyses médicales ne révélaient plus de syndrome d'hydrocéphalie et que, bizarrement, il pouvait lire sur le rapport qu'elle avait des chromosomes sexuels. C'était véritablement une petite fille qui pourrait se reproduire, comme toutes les petites filles normales. J'étais émerveillée! En quelques jours à peine, la situation médicale de Kaïla était complètement renversée.

Elle était complètement guérie!!! C'était notre petite miraculée!

Kaïla développa sa voix très rapidement. Elle rattrapa en somme, le temps perdu. À ses six mois, je me résolus enfin à me rendre à un rendez-vous prévu chez son médecin. J'avais annulé tous mes rendez-vous précédents.

J'étais installée dans la salle d'attente, lorsque le médecin appela le nom de Kaïla. En me levant, Kaïla se mit à pleurer si fort, comme je ne l'avais jamais entendu auparavant. J'essayais de la consoler, mais rien n'y faisait. Elle semblait faire une démonstration de ses cordes vocales bien rétablies.

Pendant que je ramassais mes effets, le médecin réalisa que Kaïla était la patiente qu'il appelait. Il mentionna que l'enfant qu'il appelait était un bébé muet. Poliment, en tenant Kaïla dans mes bras et en avançant vers lui, je déposai mon sac à ses pieds devant la salle de son cabinet, près de la salle d'attente. Les pleurs de Kaïla diminuaient maintenant en intensité. Il m'invita à entrer dans son bureau. Gentiment, je lui serrai la main en mentionnant que nous étions simplement venues le remercier pour tout ce que son équipe avait fait pour Kaïla. Je lui demandai de fermer le dossier de Kaïla, car c'était notre dernière visite. Il mentionna qu'il n'avait jamais vu une telle guérison, qu'il était honoré de nous avoir rencontrées. Pendant que je remerciais tout le personnel, les autres clients qui patientaient dans la salle d'attente se mirent à applaudir. C'était si émouvant! Ce fut notre dernière visite chez les médecins pour les problèmes liés à la naissance de Kaïla.

Par la suite, notre famille s'est agrandie de 3 autres filles. Je garde de bons souvenirs de ces grossesses, ces accouchements et tout ce qui s'ensuivit. J'ai également confié chacune de mes filles à notre bonne Ste-Anne, comme je l'avais fait pour Kaïla. À l'occasion, je rappelle à Kaïla qu'elle peut prier Ste-Anne… c'est sa deuxième mère.

Kaïla, comme chacune de ses sœurs que Dieu nous a confiées, grandit en sagesse, en beauté et est remplie de talents. Finalement, Sylvain et moi désirions huit enfants. J'ai eu huit grossesses, dont trois fausses couches, mais nous avons cinq merveilleuses filles et notre bonheur est au comble. Sylvain se sent toutefois parfois en minorité… mais ça, c'est une autre histoire.

LA RÉUSSITE, C'EST QUELQUE CHOSE QUI S'APPREND.

Dans ce récit, je vous dévoile un épisode de ma vie, afin de vous expliquer des étapes précises que j'ai suivies intuitivement. Effectivement, pendant cette période, je m'étais quelque peu isolée dans mon monde, j'ai repris contact avec la nature et, par le fait même, je me suis épanouie. En fin de compte, j'ai retrouvé mon équilibre naturel.

Par la suite, lors des années qui ont suivi, j'ai appliqué, à plusieurs reprises, ces étapes que j'avais utilisées avec succès et j'ai eu des résultats aussi impressionnants. Je m'amuse maintenant à les utiliser pour attirer toutes sortes de choses ou de situations dans ma vie. C'est vraiment passionnant! J'ai aussi développé plusieurs outils différents que je désire partager avec vous.

Si je peux le faire, vous le pouvez aussi.

Il suffit de suivre des étapes et d'assimiler quelques principes très simples, puis de les mettre en pratique.

Actions recommandées

Rapprochez-vous de la nature
par une marche en plein air et
énergisez-vous avec tous ses trésors.
Faites le plein régulièrement et
vous serez prêt pour votre nouvelle vie.

Chapitre 3

Je prends ma vie en main.

L'Univers appuie ceux qui prennent le contrôle de leur vie!

Si vous faites les efforts pour organiser et améliorer votre vie, vous serez ébloui de voir que l'Univers met tout en œuvre pour vous appuyer.

À partir d'aujourd'hui, commencez à sourire et à rire davantage. Ceci enclenchera un sentiment de bonheur et vous permettra de vous sentir bien. C'est le début de votre transformation. Illuminez votre visage d'un sourire. Vous deviendrez ainsi une énergie stimulante, tel un soleil, pour vous-même, votre famille et les gens qui vous entourent.

J'ai organisé ce livre de façon à vous assister dans votre cheminement. Il peut être utilisé comme un ouvrage d'apprentissage ou simplement comme guide d'inspiration.

À la fin de chaque chapitre, des actions recommandées vous sont proposées. Ce sont des exercices simples permettant de mettre en pratique les concepts de ce livre.

LES CONNAISSANCES N'APPORTENT PAS DE CHANGEMENTS OU D'AMÉLIORATIONS DANS VOTRE VIE. VOUS DEVEZ LES METTRE EN PRATIQUE, PASSER À L'ACTION!

C'est dans ce but précis, que ceci vous est proposé. Je le mentionne souvent, c'est par des actions que les changements désirés se produisent.

Aussi, il serait sage de prévoir un porte-document ou cartable dans lequel vous pourriez insérer et conserver les exercices écrits. Il est toujours plaisant d'avoir tous vos exercices regroupés dans un même document. Vous pourrez ainsi réaliser votre progression, votre cheminement et vos succès après une certaine période.

Vous pouvez également utiliser ce livre sans faire les exercices. Cela vous permettra quand même de vous initier aux concepts. Certaines personnes préfèrent lire le livre en entier une première fois et revenir par la suite aux chapitres qui les attirent le plus. Vous savez mieux que personne, la façon qui vous convient le mieux pour apprendre. Suivez vos instincts. Plus vous mettrez ces concepts en application, plus vous aurez des résultats.

Car attendez-vous à des améliorations si vous appliquez ces concepts. *L'Univers doit livrer* ce sur quoi vous portez votre attention. Je vous guiderai pour vous permettre d'attirer du positif dans votre vie. Toutefois les résultats ne dépendent que de vous.

Aussi, vous remarquerez que j'utilise à plusieurs reprises la répétition de certaines notions. Pour ma part, j'assimile beaucoup mieux lorsque mon esprit est sollicité à plusieurs reprises. Notre subconscient fonctionne aussi ainsi et c'est pour cette raison que je me permets d'insérer certains éléments clés dans le texte.

Notre équipe développe constamment de nouveaux outils pour aider les gens à évoluer plus rapidement. Plusieurs de ces outils sont gratuits. Vous pouvez visiter notre site Web pour profiter de ce matériel. Nous offrons également des ateliers et séminaires sur des sites naturels ayant accès à la nature et/ou aux chevaux. Plusieurs outils de formation sont également élaborés pour être utilisés à votre convenance, peu importe l'endroit où vous vous trouvez. www.abondanceparlanature.com

☯ Actions recommandées

Réservez un porte-document ou un cahier d'exercices pour les actions recommandées. Et surtout, laissez-vous inspirer et souriez. N'oubliez pas de prendre action…

Chapitre 4

Aspirer à une vie meilleure.

*N*ous aspirons tous à une vie améliorée!

Il est normal et naturel de vouloir toujours plus de la vie. Dans la nature, tout croît ou grandit aussi.

Tout est en mouvement dans le monde. Même les plus petites particules sont constamment en mouvement. Tout est énergie, même nos pensées. Chaque pensée est une fréquence vibratoire (de l'énergie) qui attire son équivalent. Plus cette fréquence vibratoire est élevée, plus elle se rapproche de l'amour et, par le fait même, plus elle est puissante. Cette réalité est maintenant appuyée par la science avec la physique quantique.

Maintenant, clarifions certaines notions afin de pouvoir manifester les changements que nous désirons voir arriver dans notre vie.

Votre cerveau est constitué de deux composantes très distinctes qui gèrent vos pensées et vos croyances. Il importe de préciser que vos croyances ont toujours priorité sur vos pensées.

A) *L'esprit conscient*: il est responsable de votre quotidien. Vous contrôlez vos pensées avec votre volonté. Vous pouvez utiliser l'esprit conscient par votre volonté pour modifier vos croyances enregistrées dans votre subconscient.

B) *Le subconscient:* c'est votre entrepôt d'information. Il contient également vos croyances et vos doutes. Sa tâche principale est de vous protéger. Pour ce faire, il utilise l'information que vous lui avez soumise à un moment donné, dans des circonstances précises. Cette information, qui sert de référence au subconscient, a habituellement été acceptée sans jamais être questionnée. Votre subconscient fonctionne sans que votre volonté puisse le contrôler.

90% de votre vie mentale est inconsciente.

Votre subconscient se réfère toujours à l'information qui est sauvegardée dans votre esprit. Toutefois, parfois cette information n'est plus valide et vous voulez la remplacer afin de vous permettre d'évoluer et d'améliorer vos conditions de vie actuelle.

**VOTRE SUBCONSCIENT
NE FAIT PAS LA DIFFÉRENCE
ENTRE CE QU'EST
LA RÉALITÉ OU CE QUE
VOUS LUI PROPOSEZ
DE CROIRE.**

Vous pouvez donc le conditionner à croire ce que vous désirez afin que ce nouveau conditionnement devienne une nouvelle réalité pour lui. Votre subconscient utilisera cette nouvelle référence au besoin. En reprogrammant l'inconscient avec de nouvelles références, vous pouvez propulser votre vie et votre réalité.

Votre subconscient peut résoudre n'importe quel problème ou interrogation si vous savez comment le manipuler.

Prenons un exemple pour expliquer ce que j'avance.

Si vous désirez construire votre maison de rêve, vos plans de base seraient élaborés avec beaucoup de minutie et les matériaux choisis avec soin. Vous scruteriez tous les détails afin de les corriger au besoin jusqu'à ce qu'ils reflètent votre rêve.

Pourquoi ne sommes-nous pas aussi sélectifs pour notre maison mentale? Celle-ci est tellement plus importante que notre habitation. Tout ce qui apparaît dans notre vie dépend des matériaux utilisés pour la construction de cette maison mentale.

Vous devez sélectionner vos pensées avec grande minutie puisqu'elles deviennent des références pour l'inconscient et créent votre vie. Entreposez des pensées optimistes, créatrices et positives et entretenez ces pensées. Faites le ménage des pensées qui ne sont pas stimulantes. Gardez votre maison mentale toujours propre.

Recherchez le silence. Dans le silence, vous trouverez le calme et le repos. Un esprit reposé peut générer des pensées créatrices. Ces pensées nécessitent toutefois un effort de concentration.

Plus vous vous exercerez à penser de façon à attirer l'abondance, plus ceci deviendra facile. Vous serez ensuite conditionné à le faire automatiquement.

LE VÉRITABLE COMBAT DE LA VIE EST SIMPLEMENT UNE BATAILLE DE VOS IDÉES.

Maintenant que vous comprenez l'importance de faire la garde au sujet des pensées que vous laissez loger dans votre esprit, voici quelques petits trucs très bénéfiques.

- Ressentez de l'amour et partagez cet amour. Vous vous sentirez si bien.

- Regardez les émissions de télé stimulantes et enrichissantes. Évitez les émissions violentes et démoralisantes.

- Occupez plus de votre temps à vivre votre propre vie plutôt que de regarder les autres vivre leur vie.

- Évitez les bulletins de nouvelles, surtout avant le coucher. Ces informations négatives programment votre inconscient de façon négative pendant votre sommeil.

- Recherchez plutôt de l'information et des activités positives et apaisantes avant le sommeil.

- Passez du temps à faire ce que vous aimez et qui génère de belles pensées, comme passer du temps avec vos amis et les gens positifs.

- Évitez les médias qui véhiculent des messages de pénurie, de maladie, de malheur et de catastrophe. Vous ne voulez pas associer vos pensées et vos émotions à ces informations négatives.

- Cessez de vous comparer aux autres. Appréciez ce que vous êtes.

- Créez, occupez-vous. La création engendre de belles pensées dynamisantes.

- Restez en mouvement, continuez toujours à évoluer. Évitez de stagner.

- Évitez les conversations négatives.

- Apprenez à dire "non".

- Évitez les gens négatifs qui attirent les emmerdements. Puisque l'énergie est contagieuse, vous ne voulez pas récolter leurs malheurs.

- Profitez de la nature avec tout l'amour qui y baigne et puisez-en une énergie régénératrice.

En adoptant ces nouvelles habitudes, vous vous porterez tellement mieux. Surtout, ne pensez pas que vous vous isolez de la réalité. Si vous devez savoir ce qui se passe au niveau des actualités, il y aura toujours quelqu'un pour vous dire les grands titres en quelques mots. Vous aurez ainsi l'information sans l'ampleur et les émotions véhiculées par les médias.

Lorsque vos pensées sont constructives, positives et puissantes, cela se manifestera dans votre réalité, votre santé, votre environnement et votre situation financière.

☯ Actions recommandées

Soyez vigilant envers vos pensées conscientes que vous laissez loger dans votre maison mentale. Maintenez la garde constante et le tout se reflétera dans votre réalité.

Chapitre 5

Réveiller votre passion.

*T*out ce que vous faites avec passion vous comblera.

Si vous persistez à faire ce que vous faites, mais que vous n'éprouvez pas de bonheur à le faire, vous ne pouvez vivre heureux et selon votre plein potentiel.

Votre vie est ce qu'elle est, selon les choix que vous avez faits. Vous pouvez faire de nouveaux choix. Toutefois, pour réussir votre vie, vous devez faire des choix qui vous permettent de vous sentir bien.

Vous êtes unique et vous avez des talents que vous pouvez partager pour en faire bénéficier votre entourage et, possiblement, le monde entier. Trouvez ce qui vous passionne. La passion est essentielle pour atteindre le bonheur, la réussite et l'abondance.

Mais comment savoir si quelque chose vous passionne? C'est simple. Ce qui vous passionne vous permet de vous sentir bien lorsque vous le faites ou que vous y pensez. Peu importe ce que c'est. Vous pouvez en parler constamment, vous y mettez de l'énergie et vous voulez toujours en apprendre plus sur ce sujet.

VOTRE PASSION VOUS DONNE DE L'ÉNERGIE.

Dès que vous trouverez un moyen pour passer plus de temps à faire ce qui vous passionne, vous serez comblé. Il est encore plus réjouissant, lorsque vous pouvez gagner de l'argent en faisant ce que vous aimez. Il y a toujours une façon de gagner de l'argent avec votre passion.

Si vous désirez créer une vie dont vous rêvez, vous devez consacrer une grande partie de votre temps à faire ce qui vous passionne et idéalement en générer des revenus auxquels vous aspirez.

En résumé, vous devez aimer ce que vous faites. Vous devez ressentir de l'amour pour ce qui vous entoure: votre environnement, vos clients, vos talents, vos créations, le matériel que vous utilisez et tout le reste. Plus vous vous imprégnez de cet amour dans ce que vous faites et tout ce qui vous entoure, plus vous vous attirez des bénédictions.

L'amour est tellement puissant et attire toujours plus de ce que vous aimez. Alors, éprouvez de l'amour et faites croître ces sentiments puissants pour tout ce que vous aimez, qui vous passionne.

Amusez-vous à ressentir l'amour avec tous vos sens. Écoutez-le, regardez-le, savourez-le, sentez-le, touchez-le, parlez-en et ressentez-le dans tout votre corps.

Aimez toute chose, comme vous aimez ce qui vous passionne et votre vie se transformera d'une façon merveilleuse.

À une certaine époque de ma vie, j'ai remarqué que mes filles aimaient bien m'accompagner à l'écurie, mais certaines avaient des craintes face aux chevaux. Afin de rendre leur expérience plus agréable, j'ai commencé à les initier à l'équitation avec de petits poneys vraiment gentils. J'ai recruté des gens expérimentés pour leur faire cet apprentissage.

Très vite, j'ai développé de l'amour pour ces petites montures, pour les jeux avec poneys, pour les moments de joie et de complicité des enfants avec la nature et les poneys. J'avais tellement d'amour pour tout ce qui permettait à mes enfants, aux autres enfants et à tous nos clients, de s'épanouir de façon sereine et saine.

TOUT CE QUI EST ALIMENTÉ PAR L'AMOUR GRANDIT ET S'ÉPANOUIT.

Mon amour et ma passion grandissaient. J'ai développé avec mon équipe, du matériel de formation et des programmes pour l'apprentissage de l'équitation par le jeu.

Tout cet amour a été comme un aimant pour nous attirer encore plus de bonnes choses.

En résumé, j'éprouvais beaucoup de plaisir, d'amour et de passion pour ce monde. Je me réjouissais de voir les cavaliers grandir dans un milieu évolutif adapté à chacune de leur phase de développement. Mes filles ressentaient ce plaisir et ont développé un véritable amour pour les chevaux.

Cette passion est tellement présente en elles qu'elle les motive et leur procure une merveilleuse énergie.

Ma passion pour le monde équestre est toujours présente. Toutefois, elle a évolué. Les services que nous offrons à notre école d'équitation ont également été adaptés pour suivre notre propre évolution. Tout ceci est un processus normal. À travers notre évolution, nous grandissons avec notre passion.

Il importe de ne jamais éteindre la flamme d'énergie appelée: la passion. Tant de gens laissent mourir leur passion. Pour ma part, je motive tous les gens passionnés à faire ce qui les passionne. Cette passion se transformera et c'est tout à fait prévisible. Elle évoluera tout simplement.

Trop de gens étudient et font une carrière pour faire plaisir à quelqu'un d'autre. Nous avons tous une vie à vivre et nous aspirons tous à la vivre pleinement dans la joie et l'amour.

En tant que parent, il est tellement bénéfique d'appuyer nos jeunes dans la poursuite de leurs rêves et de leur passion. Nous ne pouvons pas demander à nos enfants de vivre la vie que nous aimerions vivre nous-même. Laissons chacun d'eux vivre ses rêves, en étant motivé par l'amour dans tout ce qu'ils réalisent.

Les gens heureux ont la lumière de la passion et de l'amour dans les yeux. Nous ne pouvons et ne devons pas éteindre cette flamme d'amour.

Actions recommandées

Découvrez votre ou vos passions.
Trouvez le moyen de pouvoir faire ce qui
vous passionne le plus souvent possible
afin de bénéficier de cette énergie stimulante.

Chapitre 6

La pensée positive.

*V*os pensées créent votre vie, alors vous devez penser positivement.

Concentrez-vous constamment sur votre idéal, comme si c'était déjà réel. Puisque vous créez votre vie avec vos pensées, vous devez penser positif pour attirer toutes les bonnes choses auxquelles vous aspirez.

Tout est en votre pouvoir. Ce pouvoir agit dans l'instant présent. Vous êtes fait pour vivre une vie d'évolution, d'épanouissement et de bien-être. Vous êtes le créateur de votre vie.

Si votre vie n'est pas comme vous le désirez, vous devez comprendre que *vous l'avez attirée.* Parfois vous le faites inconsciemment, avec vos croyances bien ancrées dans votre subconscient. Vous n'êtes même pas conscient de ces croyances limitatives qui se trouvent au niveau du subconscient. Conscientes ou non, vos croyances limitatives peuvent toujours être remplacées par des croyances constructives qui supporteraient vos objectifs de croissance personnelle. Votre but est de vivre et d'évoluer avec des croyances plus créatrices. Votre futur pourra ainsi être le reflet de vos nouvelles pensées positives.

Tout ce qui existe dans l'air, sur la terre, dans l'eau et dans notre corps est de la vibration en mouvement. Tout cela est géré par la Loi de l'Attraction. Il n'y a rien qui ne soit pas en mouvement. Nos pensées et nos émotions sont aussi des vibrations en mouvement constant et sont gérées par la Loi de l'Attraction comme toutes particules en mouvement.

La Loi de l'Attraction répond à ces vibrations et les organise, reliant les vibrations semblables les unes aux autres, tout en maintenant éloignées les vibrations différentes. L'absence de prospérité, de bonheur ou de tout ce que vous désirez signifie simplement que vous offrez une vibration différente de la vibration de prospérité ou de bonheur. Vous ne pouvez pas prospérer en vous sentant pauvre et en émettant des vibrations de pauvreté. À moins que vous n'offriez une vibration d'abondance, l'abondance ne pourra pas venir à vous.

L'abondance intérieure est le secret pour attirer l'abondance extérieure.

Je sais qu'il semble impossible de penser *prospérité* lorsque qu'il n'y a pas d'argent pour payer la nourriture et que les dettes s'accumulent. Mais cela est possible en portant votre attention sur ce qui est en abondance partout autour de vous, dans la nature ou à un autre endroit de votre choix. Continuez votre lecture et je vous donnerai des idées.

VOUS POUVEZ CHANGER VOS CONDITIONS ACTUELLES EN CHANGEANT VOS PENSÉES ET VOS VIBRATIONS.

Il suffit de mettre votre attention sur quelque chose qui vous permet de vous sentir bien.

Nous, en tant qu'humains, avons des pouvoirs extraordinaires. Par notre seul pouvoir de la pensée, nous pouvons créer notre vie de rêve. N'est-ce pas merveilleux? Alors, commençons notre parcours vers la réalisation de notre vie de rêve.

Même si vos rêves évoluent, comme c'est tout à fait prévisible et normal, l'Univers vous orientera dans la bonne direction et il vous suffira de modifier votre trajectoire pour vous adapter à votre route.

Débutons par un survol de certains concepts.

C'est par notre pensée, et non par notre action, que nous créons initialement. Par la pensée, nous activons la Loi de l'Attraction. Nos pensées génèrent des vibrations. Nos pensées, appuyées par des sentiments (émotions) intenses, amplifient les vibrations. Les émotions sont les plus puissantes des vibrations, qu'elles soient positives ou négatives.

Afin de changer votre histoire, vous devez commencer à raconter une nouvelle version de votre histoire. Vous devez *raconter l'histoire, telle que vous voulez qu'elle soit!* Pas seulement aujourd'hui et maintenant, mais tous les jours… C'est votre nouvelle façon de vivre afin de tendre vers l'abondance et de la vivre dans votre vie.

COMMENCEZ À RACONTER UNE NOUVELLE VERSION DE VOTRE HISTOIRE, TELLE QUE VOUS VOULEZ QU'ELLE SOIT.

Ne ressassez pas le passé et vos pénibles expériences. Cela ne sert à rien et vous vibrez ainsi selon les mêmes expériences nuisibles que vous êtes sur le point d'attirer. Vous agissez ainsi en victime. Les victimes n'attirent rien de bon. Si telle est votre situation, peut-être serait-il temps de changer…

Réalignez votre attention sur ce que vous désirez dans votre vie, ce qui vous fait sentir bien. Ressentez de l'amour pour toutes les situations, les choses et les gens qui vous entourent. L'amour vous permet de vous sentir bien. C'est la seule façon de vous attirer de bonnes choses ou expériences rapidement. C'est la base de votre pouvoir d'attraction.

Dès maintenant, ne rendez pas les autres responsables de votre réussite ou de vos échecs, car lorsque vous agissez ainsi, vous agissez en victime. Vous êtes alors impuissant à effectuer le moindre changement et vous stagnez. Vous restez ainsi toujours dans les mêmes énergies négatives.

Vous avez la possibilité de vous concentrer sur ce que vous voulez ou sur ce que vous ne voulez plus avoir dans votre vie. L'un de ces choix vous propulse pour attirer les bonnes choses, tandis que l'autre génère malheureusement votre malheur et de la pénurie.

LA MANIÈRE DONT VOUS VOUS SENTEZ VOUS INDIQUE SUR QUEL CHOIX VOUS ÊTES EN TRAIN DE VOUS CONCENTRER.

Vous pouvez constamment changer votre choix afin de vous enligner vers des émotions qui attirent des expériences plaisantes et constructives dans votre vie. Je ne dis pas que ceci est facile. C'est certainement plus difficile les premières fois, mais persistez et cela deviendra une habitude. Je peux vous assurer que vous en verrez rapidement des résultats.

Tout au long de votre parcours, je vais vous enseigner à modifier votre perception des choses, afin d'attirer l'abondance dans votre vie et créer la vie dont vous rêvez.

Avez-vous remarqué comment les chiens sont toujours heureux d'accueillir leur maître à leur retour à la maison? Ils les attendent patiemment. S'ils ont de jeunes maîtres qui fréquentent l'école et reviennent à une heure précise, ils sont toujours au poste pour leur réserver un accueil chaleureux. Dès qu'ils voient un de leurs maîtres, ils agitent la queue, viennent se coller à lui et attendent un mot gentil et une caresse.

Les chiens voient le positif en vous. Ils sont toujours heureux de vous voir. Vous pouvez également apprécier ce côté positif de vous-même. Vous n'avez qu'à vous concentrer sur vos qualités.

Les gens qui réussissent ne pensent pas du tout de la même façon que les gens qui restent stationnaires.

Pour réussir, on doit avoir une bonne estime personnelle. Croire qu'on peut le faire. Dès maintenant c'est ce que vous devez croire.

Alors, dirigez votre attention en vue de guider votre vie et parlez positivement de votre vie et de votre futur. Vos mots organisent vos pensées, d'où l'importance du choix des mots que vous utilisez.

☯ Actions recommandées

À partir d'aujourd'hui, racontez votre vie telle que vous désirez qu'elle soit. Évitez de discuter des sujets négatifs. Réalisez que vous devez avoir une bonne estime de vous-même. Vous pouvez le faire…

Chapitre 7

Mon nouveau réveil.

*C*haque nouveau jour offre de nouvelles possibilités.

Vos choix son infinis. Vous pouvez décider de faire ce que vous voulez de votre vie. Mais chaque jour qui débute vous offre la possibilité d'établir une nouvelle base vibratoire qui donnera le ton général à vos pensées pour le reste de la journée.

À votre réveil, vous êtes dans un état Alpha, de grande relaxation et vous émettez des vibrations très fortes. C'est une période où le cerveau droit et gauche travaillent en harmonie et donc, le cerveau global est en mode d'écoute. Vous pouvez utiliser cette période pour améliorer votre mémoire, augmenter votre créativité ou vos connaissances et acheminer de nouveaux messages à votre esprit. Lorsque vous êtes dans cet état Alpha, vous avez beaucoup plus facilement accès à vos capacités intuitives, créatives et d'inspiration.

Il est sage de profiter de cette période pour bien débuter sa journée.

Cet état Alpha n'est pas accessible seulement au réveil et au coucher. Vous pouvez y accéder à votre convenance lorsque vous vous mettez dans un état de grande relaxation.

Par exemple, vous pouvez patienter dans une salle d'attente ou relaxer sur un banc de parc et simplement laisser votre corps et votre esprit se détendre afin de vous sentir bien et calme. Cette sensation vous rapproche de l'état Alpha.

Une grande majorité de gens qui désirent exceller dans différents domaines utilisent ces périodes précieuses de l'état Alpha pour programmer leur cerveau et leur corps.

Pour ma part, j'aime bien commencer ma journée lorsque je suis dans un état Alpha, en faisant mes prières et en remerciant l'Univers pour tout ce qu'il y a de positif dans ma vie. J'appelle ceci, ma **période de gratitude**. Je cite des choses pour lesquelles je suis reconnaissante; comme mon lit confortable, ma santé et celle de tous mes proches, ma famille, mon inspiration, mon énergie, mon autonomie, notre nourriture saine et délicieuse, le soleil qui me réchauffe la peau, mes vêtements, les gens merveilleux qui m'entourent, l'abondance financière, le chant des oiseaux et ainsi de suite...

Comme nous sommes aussi en état Alpha, juste avant de s'endormir profondément le soir, j'inclus une période de gratitude à ce moment également. Toutefois, le soir, j'ajoute un rituel avant de m'endormir. J'aime bien noter les choses pour lesquelles j'aime remercier l'Univers. Je garde toujours près de mon lit, **mon journal de gratitude**. J'y inscris parfois mes remercie-ments dans le noir lorsque je préfère ne pas ouvrir la lumière. Je ne vois pas ce que j'écris et, au matin, j'ai parfois de la difficulté à me relire. Cela n'a pas d'importance...

L'Univers sait très bien ce que j'écris. C'est l'intention et l'énergie qui comptent. Comme je le mentionne souvent, je crois au pouvoir de l'écriture.

C'EST L'INTENTION ET L'ÉNERGIE QUI COMPTENT.

Puisque nous attirons toujours ce sur quoi nous portons notre attention, il est logique de dire que vous attirez toujours plus de toutes ces choses pour lesquelles vous émettez de la gratitude. Si je remercie pour ma nourriture en abondance, saine et délicieuse, j'attire toujours de la nourriture en abondance, saine et délicieuse. Il en est ainsi pour tout ce que vous incluez dans votre gratitude.

En plus de vous permettre d'attirer en abondance vos éléments de gratitude, cette habitude vous mettra dans l'état vibratoire requis pour agir comme un aimant pour ce que vous désirez dans votre vie.

L'Univers est comme un parent bienveillant. Si un parent offre une délicate attention, telle une soirée cinéma à son enfant et que celui-ci est vraiment reconnaissant, le parent va-t-il avoir envie de renouveler son geste? Certainement que oui! Par contre, si l'enfant n'apprécie pas cette soirée et la critique de diverses façons, est-ce que le parent aura envie de répéter l'expérience? Sûrement pas, puisque ce n'est pas apprécié. Il en est de même pour l'Univers.

Lorsque vous appréciez quelque chose, l'Univers est heureux de vous donner plus de cette chose pour laquelle vous démontrez de l'appréciation.

Alors, prenez l'habitude de remercier pour toutes les choses positives que vous avez dans votre vie. Nous en avons tous. Vous n'avez pas besoin de chercher très loin. Le soleil brille pour tous, il suffit d'en prendre conscience et d'en être reconnaissant.

Vous remarquerez que cette habitude se développe avec la pratique. Dès que des moments précieux surviendront dans votre vie, vous penserez immédiatement que vous pouvez être reconnaissant pour ça. Vous pourrez même le noter en soirée, dans votre **journal de gratitude**. Alors, continuez à être attentif à tout ce qui pourrait susciter votre gratitude et vous découvrirez que de plus en plus de choses arrivent dans votre vie pour lesquelles vous pouvez être reconnaissant.

C'est une habitude chez nous de remercier l'Univers dès que quelque chose de beau arrive dans notre vie. C'est encore plus puissant lorsque nous formulons cette gratitude à haute voix et avec émotion. Je suis quelque peu expressive et je fais parfois bien rire mes proches lorsque je remercie l'Univers avec intensité. Ceci est maintenant comme un jeu chez nous et chacun y va spontanément. L'énergie créée est vraiment contagieuse. Elle nous permet de nous sentir bien et ainsi attirer de belles choses dans notre vie. Qui n'a pas envie de s'amuser? Essayez et vous verrez. Un sourire éclairera vite votre visage.

Soyez reconnaissant pour les bonnes et belles choses ou les situations qui illuminent votre vie et démontrez-le à l'Univers à votre façon.

Savourez aussi chaque victoire que vous réalisez dans votre vie. Petites ou grandes, elles sont toutes aussi importantes. Chaque victoire vous renforce et vous permet d'engendrer de plus grandes et plus belles victoires.

Lorsque je bénéficie de quelques instants, j'aime admirer la nature, les comportements des gens et des animaux, le mouvement des nuages, la beauté et la perfection de la végétation et des fleurs, la puissance du soleil et du vent, les ondulations et la beauté de l'eau avec ses reflets de diamant à la surface. Voilà tant de raisons pour être reconnaissant et inspiré. C'est magique lorsque l'on se met dans cet état de reconnaissance pour toutes ces bénédictions.

Trouvez vos propres raisons pour être reconnaissant et devenez comme un jeune enfant qui se réjouit chaque jour pour les merveilles qu'il découvre dans son univers.

C'est vraiment dans un tel état que nous devons nous mettre… comme un enfant émerveillé et comblé par la vie.

Voici la première étape du processus que je vous propose et qui vous permet de réaliser tous vos désirs. Avec cette méthode puissante, j'ai réalisé des miracles.

Processus de Création "Touch of nature"

ÉTAPE 1:
Être reconnaissant pour tout
ce qui est beau et bon.

Il est très important de comprendre maintenant que la gratitude doit devenir une habitude constante pour votre cheminement vers le bonheur et une vie d'abondance. Vous ne pourrez atteindre une vie de plénitude et d'abondance, si vous n'exprimez pas votre gratitude sur une base journalière.

LA GRATITUDE
EST VRAIMENT PUISSANTE.
ELLE PERMET DE SE SENTIR BIEN ET
D'ATTIRER ENCORE PLUS
DE BELLES CHOSES.

Afin de vous aider dans des périodes un peu plus ternes, sortez votre journal de gratitude et savourez certains passages. Vous commencerez immédiatement à vous sentir bien.

☯ Actions recommandées

Pratiquez la gratitude sur une base journalière.
Redevenez comme un enfant émerveillé.
Utilisez votre journal de gratitude que
vous pourrez consulter pour vous stimuler.

Chapitre 8

Vivre dans le moment présent.

C 'est dans le moment présent que l'on peut changer notre vie.

Nous sommes tous des créateurs. Oui, nous avons le pouvoir de créer ce que nous désirons. En portant une attention à la façon dont on se sent maintenant, on peut rediriger nos pensées afin de générer des sentiments qui nous apportent un bien-être.

Lorsqu'une situation donnée est inconfortable, arrêtez-vous et fermez les yeux au besoin. Touchez quelque chose et réalisez que vous êtes dans le moment présent et que vous êtes le créateur de votre vie. Ici et maintenant, vous pouvez diriger votre attention sur ce qui vous fait du bien. Dites: "Je veux me sentir bien". Répétez-le en silence encore et encore. Changez de place au besoin. Évitez les situations tendues et les gens négatifs.

**LE MOMENT ACTUEL
NE REVIENDRA JAMAIS.
IL EST PRÉCIEUX ET UNIQUE.**

Savourez les beautés du moment présent. Inspirez-vous de la nature. Regardez un arbre, un oiseau, le ciel, un papillon ou tout ce qui vous inspire. Admirez la perfection de la création.

Appréciez-le en savourant chaque détail.

Nous prenons rarement le temps pour apprécier notre vie, ici et maintenant. C'est lorsqu'on commence à apprécier et à être reconnaissant pour les beautés de notre vie, que l'on atteint un niveau de bien-être merveilleux et que l'on devient un aimant puissant pour attirer encore plus de ce que l'on désire.

IL EST DOMMAGE DE CONSTATER QUE C'EST LORSQU'ON CRAINT DE PERDRE QUELQUE CHOSE DE PRÉCIEUX QUE L'ON S'ARRÊTE POUR VRAIMENT L'APPRÉCIER.

Vous n'avez pas besoin d'attendre une situation déplaisante pour vraiment apprécier ce qui vous est cher. Si c'est une personne qui est chère à vos yeux, vous pouvez lui dire qu'elle est précieuse pour vous. Profitez des anniversaires et des occasions si vous êtes trop timide pour le dire. Vous pouvez l'écrire dans une carte ou sur un bout de papier que vous pourrez glisser à un endroit que cette personne pourra découvrir pendant la journée. Ça fait tellement chaud au cœur de savoir que vous comptez vraiment pour quelqu'un.

Vous méritez ce qu'il y a de meilleur! Essayez d'apprécier ce qui se trouve autour, portez votre attention sur tout ce que vous aimez, sur le meilleur. Il y a toujours quelque chose de positif, même dans les situations que vous percevez aujourd'hui comme négatives.

Appréciez le moment présent et ce qui vous entoure, savourez la vie, appréciez les gens que vous côtoyez, imprégnez-vous de l'abondance qui se trouve dans l'air que vous respirez, souriez et vous vous sentirez bien. Lorsqu'on se sent bien, on vibre positivement et on attire le positif dans notre vie.

Une marche en pleine nature, une visite dans un parc, un moment d'arrêt sur une terrasse, une période de jeux avec votre famille, vos amis ou votre animal de compagnie ne sont que quelques exemples de bonheur dans le moment présent. Inventez et trouvez les vôtres.

Pour ma part, je peux passer de longs moments en nature à humer l'air frais, à écouter le chant des oiseaux et à admirer les comportements et interrelations entre les gens et/ou les animaux. J'apprécie ces moments de paix et d'amour et j'y puise une énergie inspirante.

Recherchez le silence. Votre pouvoir vient du repos et du calme car cela vous permet de penser. Vos accomplissements sont le reflet de vos pensées du passé.

☯ Actions recommandées

Concentrez-vous sur le moment présent.
Trouvez la beauté dans ce moment et
soyez reconnaissant d'en avoir pris
conscience, car il ne reviendra plus.

Chapitre 9

Chercher à vous sentir bien.

*L*orsqu'on se sent bien, notre vie est si agréable.

En vous sentant bien, vous devenez un aimant qui attire le positif dans notre vie. Vous attirez ainsi la santé, l'abondance, l'amour, la richesse, le succès ou tout ce que vous désirez. Voilà de merveilleuses raisons pour vouloir se sentir bien.

Afin de vous sentir bien, vous pouvez chercher les raisons pour vous sentir bien. Nous avons tous des raisons pour se sentir bien. Ça pourrait être parce que vous travaillez sur un projet qui vous stimule, parce que vous êtes en santé, parce que vous portez un nouveau vêtement que vous aimez, parce que vous avez remarqué de nouvelles fleurs dans le jardin… Il y a une multitude de raisons pour se sentir bien et ce, à chaque instant.

Lorsque vous trouvez une première raison pour vous sentir bien, cette pensée agréable en attirera une seconde, qui en attirera une autre et ainsi de suite. Vous serez ainsi dans un état vibratoire positif et puissant.

Le simple fait de lire ce livre maintenant peut être une raison pour vous sentir bien, puisque vous comprenez enfin le pouvoir que vous avez sur votre vie.

D'autres pensées énergisantes sur vos merveilleux pouvoirs suivront cette pensée et vous serez complètement énergisé. En vous sentant bien, vous devenez un aimant qui attire ce que vous désirez dans votre vie.

Notre corps est créé pour nous permettre de ressentir une multitude d'émotions à partir de tous nos sens. Tout est en place pour nous permettre de déceler différents niveaux d'émotions. Nous devons simplement apprendre à les détecter et à les analyser.

Ne laissez pas les éléments extérieurs contrôler vos émotions. Même s'il pleut ou si votre journée ne se passe pas comme vous l'aviez prévue, vous pouvez vous sentir bien. Trop de gens laissent les évènements dicter leur humeur. Vous avez le pouvoir de modifier ceci. Prenez une grande respiration et souriez. Vous ferez ainsi un premier pas dans la bonne direction.

Si vous permettez à des pensées négatives d'habiter votre esprit, ces pensées attirent les pensées des vibrations identiques et vous voilà attiré dans un tourbillon d'émotions négatives. Lorsque vous permettez à ces émotions négatives de vous habiter pendant une longue période, vous vivez une détérioration de votre corps physique. En résumé, vous attirez la maladie ou des évènements négatifs.

Lorsque vos pensées négatives sont constantes, il est inquiétant de réaliser que celles-ci peuvent être imprégnées dans votre subconscient et devenir une croyance limitative. Cela n'attire rien de bon…

L'AMOUR
EST LA PLUS PUISSANTE
DES ÉMOTIONS.
L'AMOUR
PRODUIT DES MIRACLES.

Voici une liste de certaines émotions telles que présentées dans le livre "The Power" de Rhonda Byrne. Cette liste commence par les émotions qui produisent les énergies les plus positives et créatrices créant un grand sentiment de bien-être. Plus vous descendez dans cette liste, plus les émotions produisent des énergies de plus en plus paralysantes, créant des inconforts, de la maladie ou tout ce que vous ne désirez surtout pas avoir dans votre vie.

Amour
Gratitude
Passion
Bonheur
Joie
Excitation
Espoir
Satisfaction

Chagrin
Inquiétude
Critique
Colère
Haine
Envie
Culpabilité
Peur

Prenons un exemple du comportement animal pour expliquer comment nous pouvons nous aussi évoluer en nous adaptant à nos émotions.

Lorsqu'une mouche se pose sur la peau du cheval, ce dernier réagit en bougeant le muscle sous sa peau, à cet endroit précis. Le corps du cheval est constitué d'une multitude de terminaisons nerveuses qui lui permet de déceler l'endroit exact où la mouche s'est posée. Le cheval utilise sa queue pour chasser les mouches de certains endroits de son corps. Par contre, comme il ne peut chasser les mouches qui se posent sur le devant de son corps, il ira souvent se coller à un autre cheval. Remarquez, lorsque les chevaux sont au pâturage et qu'il y a des mouches, ils se regroupent de façon à ce que chacun puisse chasser les mouches du corps d'un autre cheval. La queue d'un cheval peut ainsi chasser les mouches du devant du corps d'un autre cheval. Cette entraide permet à chacun des chevaux de se sentir bien, grâce à l'assistance des autres chevaux. Et tout ceci se produit d'une façon toute naturelle.

À travers des comportements adaptés, les animaux ont appris à améliorer leurs conditions. Ils cherchent instinctivement toujours à se sentir bien.

Nous aussi, nous devons toujours chercher à nous sentir bien. En tant qu'humain, nous avons un avantage. Nous avons le pouvoir sur nos pensées. C'est par le choix de nos pensées que l'on peut générer des émotions créatrices et positives qui nous permettent de nous sentir bien.

Chaque fois que vous vous sentez mal, vous êtes en train d'attirer quelque chose que vous ne voulez pas. C'est aussi simple que ça!

Alors, apprenez à analyser vos serrements d'estomac, la tension dans votre corps, vos maux de tête et tout le reste. Votre corps vous parle constamment. Vous devez apprendre à être plus attentif à son langage. Au début, c'est plus difficile et subtil, mais avec le temps cela deviendra votre seconde nature et vous saurez immédiatement qu'il est temps de changer votre sujet d'attention afin de revenir vers des vibrations plus positives et créatrices. Votre corps aussi ne s'en portera que mieux.

VOS ÉMOTIONS
SONT, EN QUELQUE SORTE,
LES GUIDES DE VOTRE VIE.

Vous devez apprendre à ressentir et percevoir vos émotions. Ensuite, vous serez à même d'analyser naturellement si vous vous sentez bien. Si tel n'est pas le cas, vous pourrez aisément faire basculer cette situation. Vous en avez le pouvoir.

Comme les chevaux qui contribuent au bien-être l'un de l'autre, vous devez vous sentir bien pour créer votre bonheur et ainsi contribuer à faire un monde meilleur.

Actions recommandées

Soyez attentif.
Il faut se sentir bien pour attirer
ce que l'on veut dans la vie.
Prenez conscience de la façon
dont vous vous sentez et
faites en sorte de vous sentir bien.

Chapitre 10

Le langage puissant.

*N*os paroles attirent notre futur.

Afin de vous guider vers le langage positif qui attire les meilleurs résultats, je vais partager quelques petits trucs avec vous.

Lorsque vous fixez votre attention sur ce que vous désirez en utilisant des mots positifs et que vous le dites souvent, vos vibrations seront modifiées et, avec le temps, vous vivrez une transformation dans la manière que vous vous sentirez et vous pourrez attirer ce que vous voulez dans votre vie.

Écoutez vos paroles lorsque vous parlez. Vos paroles sont toujours précédées par une pensée. Si vous vous surprenez au milieu d'une conversation à énoncer quelque chose contraire à ce que vous désirez, arrêtez-vous et dites: *"Je sais ce que je ne veux pas. Qu'est-ce que je veux vraiment?"*. Puis, affirmez clairement ce que vous désirez, en disant *"Je veux..."*. Cette méthode permet de modifier notre focus pour le réaligner vers quelque chose de positif que vous désirez plutôt que de laisser l'attention sur un sujet négatif. Certains appellent cette technique "le pivotement de votre attention".

Beaucoup de gens savent ce qu'ils ne veulent pas. Ils le disent et y pensent beaucoup. En somme, ils mettent leur attention sur ce qu'ils n'aiment pas et ne veulent pas dans leur vie.

Puisqu'ils savent ce qu'ils ne veulent pas, ils peuvent s'en servir pour définir ce qu'ils veulent.

Essayez, à partir de maintenant, d'écouter vos paroles et lorsque vous vous surprenez à penser et à dire des propos sur ce que vous n'aimez pas et ne voulez pas dans votre vie, remplacez-les immédiatement par ce que vous voulez.

Exemples:

- Je suis grosse,
  remplacé par: *Je veux* être mince.

- Je suis malade,
  remplacé par: *Je veux* être rayonnante
  de santé.

Avec votre affirmation "*Je veux...*", vous devez vous mettre dans une vibration positive. Ensuite, répondez "*Pourquoi*" vous désirez ceci en y mettant vos sentiments à contribution. Tout est basé sur l'intensité de vos sentiments.

1. Exemple positif:

   Je veux un vélo.
   Pourquoi ? **Parce que** mon bien-être est constant lorsque je me promène tranquillement en admirant le paysage.

J'entends les oiseaux chanter et j'admire les feuilles qui bougent délicatement avec la brise. Tout semble plus paisible et joyeux. J'aime me sentir joyeuse. Dans un tel environnement, j'aime imaginer mon futur avec encore plus de moments de ce genre et je souris. La vie est si belle... J'imagine mes balades avec des amis lorsque nous découvrons de nouvelles choses et que nous profitons de la vie à apprécier les moments agréables en plein air. Nous sommes ainsi libres et j'aime tant me sentir libre.

En vibrant ainsi avec de telles pensées positives que vous ressentez dans votre corps, l'Univers ne peut que vous livrer de belles choses. Vous devenez un aimant à la prospérité.

Lorsque vous énoncez votre "*Pourquoi*", il s'agit de trouver les points positifs de ce que vous désirez attirer. Des paroles et des sentiments qui vous font vibrer de façon positive et avec lesquels vous pouvez vous sentir bien.

Dans mon exemple, j'aurais pu préciser quelque chose de négatif.

2. Exemple négatif:

Je veux un vélo
Pourquoi? **Parce que** cela me permet d'évacuer mes frustrations lorsque je vois cette ville pleine de ruines et de saleté avec

ses bruits de circulation. Même s'il y a quelques arbres ici, rien n'est beau".

Avec de tels propos, vous ne pourrez jamais attirer de vélo, ni rien de positif, puisque vous émettez des vibrations négatives de pénurie. Et c'est justement ce que vous allez attirer dans votre vie: de la frustration, de la pénurie, des bruits de circulation et encore des ruines et de la saleté.

Cet exemple illustre le pouvoir de vos paroles et de votre attention. C'est une méthode puissante que je vous propose de maîtriser. Apprenez à dicter à l'Univers ce que vous désirez et ressentez le bien dans tout votre être. Faites-en une habitude d'utiliser cette méthode. Vous devez comprendre le pouvoir de vos paroles, de votre attention et de vos sentiments. Avec eux, vous créez votre vie. C'est vraiment ainsi que l'Univers fonctionne!

Maintenant, surtout ne vous préoccupez pas:

- du "*Comment?*" ou
- "*Quand est-ce que ça va arriver?*".

En mettant votre attention sur ces détails, vous retournez au problème et en vibration négative.

**LAISSEZ L'UNIVERS
FAIRE CE QU'IL DOIT FAIRE
ET NE VOUS PRÉOCCUPEZ
PAS DES DÉTAILS.
L'UNIVERS EST SI PUISSANT!**

Il n'y a rien que l'Univers ne peut créer. Il peut synchroniser toutes les choses et évènements dont nous ne pouvons même pas imaginer. Alors, concentrons plutôt nos énergies à définir, à imaginer et à ressentir ce que nous désirons.

Choisissez des pensées qui vous procurent du bien-être et parlez davantage de ce que vous voulez en évitant de parler de ce que vous ne voulez pas. Ceci vous permet de vous accorder à la fréquence vibratoire de l'abondance.

Il est également sage de parler avec respect de l'Univers, de Dieu, de Bouddha ou de toute autre entité que vous considérez comme suprême. Pour ce guide, j'utiliserai le mot: Univers.

Il importe de comprendre que l'Univers ne pourra vous livrer ce que vous désirez si vous ne pouvez démontrer de respect. Vous devez aligner votre énergie et vos vibrations de façon positive, par vos paroles ainsi que vos actions. C'est une façon de vivre qui améliore votre vie de façon positive.

Par exemple, afin d'avoir un corps rayonnant, en santé et plein de vitalité, vous devez apprécier tout ce qu'il y a de beau en vous. Évitez de mettre votre attention sur ce que vous n'aimez pas. Afin de clarifier ceci, voici des propos que vous avez certainement déjà entendu:

- Je déteste mes cheveux.

- J'ai le visage rempli de boutons.

- J'ai de grosses cuisses.

Que pensez-vous que les gens qui tiennent de tels propos peuvent attirer? Malheureusement, ils attirent encore plus de ce qu'ils n'aiment pas en eux. Si, par contre, ils mentionnaient ce qu'ils aimeraient avoir être ou faire et concentraient leur attention sur le beau, leur corps se transformerait graduellement pour refléter cette nouvelle réalité. Essayez plutôt de dire les affirmations suivantes:

- Je développe de nouveaux trucs pour placer mes cheveux. J'adore ma coiffure.

- Ma peau s'améliore chaque jour.

- Mes cuisses sont de plus en plus fermes et minces.

Aussi, certains croient que la camaraderie permet des écarts de langage. Les adolescents se lancent "T'es con" ou "T'es pas capable". Selon eux, cela fait partie du code de camaraderie. Malheureusement, ce code de camaraderie programme les résultats futurs. Les gens finissent aussi par croire ce qu'ils entendent à répétition.

**LES PAROLES QUE
VOUS LANCEZ AUX AUTRES,
VOUS LES LANCEZ À VOUS-MÊME,
CAR TOUT CE QUE VOUS ÉMETTEZ,
VOUS REVIENT.**

Des expériences ont été réalisées avec des plantes. En complimentant les plantes, en leur donnant de bons soins et beaucoup d'amour, il fut remarqué que ces plantes produisaient beaucoup plus de fleurs et de meilleure qualité que les plantes qui n'ont pas de compliments mais qui reçoivent les mêmes soins de base.

Nous sommes des êtres vivants tout comme les plantes et nous sommes réceptifs aux paroles bienveillantes et constructives. L'Univers est également réceptif à l'énergie véhiculée par les paroles. Nous avons donc tous avantage à tenir des propos stimulants et positifs afin d'attirer à nous des évènements positifs.

Reprogrammez tranquillement votre conscience sur votre façon de penser et de parler, car cela est directement lié à ce que vous attirez dans votre vie. Je vous expliquerai un peu plus loin dans ce manuel, comment formuler une intention claire à l'Univers ainsi que des affirmations qui soutiennent votre intention.

☯ Actions recommandées

Au quotidien, pratiquez le pivotement
de votre attention pour la
version positive en utilisant
"Qu'est-ce que je veux" et *"Pourquoi?"*.
Mettez-y du "feeling".

Chapitre 11

Le pouvoir de l'écriture

À travers l'écriture, nous pouvons livrer nos messages à l'Univers.

Il est fascinant de constater le pouvoir de l'écriture. Lorsque les filles étaient plus jeunes, j'aimais raconter que des anges venaient lire ce que nous écrivions afin de porter ces messages à l'Univers. Nous pouvions ainsi attirer ce que nous voulions, simplement en le mettant par écrit.

Je crois sincèrement au pouvoir de l'écriture.

Spécialement, lorsqu'on écrit à la main. Je sais que les ordinateurs et plusieurs outils électroniques peuvent activer les processus d'écriture mais, pour ma part, j'ai remarqué que lorsque j'écris à la main, j'obtiens de bien meilleurs résultats. Je ne sais pas pourquoi. Peut-être parce que le stylo ou le crayon est une extension de moi-même.

Souvent, après avoir écrit ce que je désire avec un crayon, je transpose le tout dans mon ordinateur. J'aime bien écrire à la main initialement. Comme pour ce livre, j'écris chapitre après chapitre dans mon calepin. Je sais que ce n'est pas aussi productif, mais c'est tellement plus puissant.

J'aimerais vous proposer un exercice que je fais à l'occasion. C'est fascinant comme cela fonctionne!

Imaginez-vous dans le futur. Vous vivez votre vie idéale. Maintenant, vous allez décrire votre journée idéale, de votre réveil à votre coucher. Soyez le plus précis possible, en décrivant vos émotions et ce que vous ressentez. Utilisez tous vos sens. Il est très important de mettre ceci par écrit. Alors, prenez un crayon et laissez-vous aller. Vous serez surpris des résultats.

La première fois où j'ai fait cet exercice, je travaillais pour le gouvernement dans un travail qui ne me passionnait pas. Comme plusieurs, je ne voyais pas d'issue à cette situation. Même si je souhaitais quitter cet emploi, cela était impossible pour moi à l'époque et je ne voyais pas de porte de sortie.

Je pris mon stylo et j'ai commencé à écrire ma journée parfaite.

"Je me réveille pleine d'énergie. Je fais mes prières et ma période de gratitude. Je me prépare avant le réveil des filles. Je passe ensuite dans chacune des chambres pour les réveiller en douceur. Nous préparons le déjeuner et nous mangeons tous ensemble. Dès leur départ pour l'école, je fais mon exercice matinal (marche ou autre). Je prends mon bain de détente et je fais quelques tâches ménagères (lavage, ménage, cuisine, couture) avant de poursuivre en profitant de la nature. Je vais ensuite chercher les filles à l'école pour dîner avec nous à la maison ou dans un parc ou je m'organise un dîner en bonne compagnie. Pendant mes après-midi, je m'occupe

à ma croissance personnelle, à organiser de nouveaux projets, rencontrer les gens et prendre du temps à savourer la nature. Ensuite, j'accueille les filles de l'école et, au besoin, je les assiste pour les devoirs alors que je prépare le repas de soir. Sylvain arrive du travail et s'informe de notre journée. Pendant le repas, chacun raconte ses aventures de la journée et nous échangeons dans la joie. Ensemble, nous terminons nos tâches ménagères et chacun prend son bain ou sa douche. C'est la période des câlins et des jeux. J'ai alors quelques instants pour moi et je m'occupe à me détendre (lire, coudre, écouter du matériel inspirant, discuter de divers projets...). Après le coucher des filles, je prends du temps seule dans ma chambre pour me ressourcer. Je remplis mon journal de gratitude, je note des développements pour ma prochaine journée et je lis. Je me couche en faisant mes prières et je rêve à tout ce que je désire attirer dans ma vie".

Aussi surprenant que cela puisse sembler, huit mois plus tard, j'étais en congé et je vivais cette vie rêvée.

ON PEUT CHOISIR D'UTILISER NOS MOMENTS D'ÉPREUVES POUR GRANDIR ET S'ÉPANOUIR.

Quelques mois plus tôt, alors que j'occupais toujours mon emploi au gouvernement, je ne pouvais imaginer que la vie pouvait être si douce. Effectivement, à cette période de ma vie, un épuisement total m'a forcée à cesser mon travail. Comme certains disent: j'ai craqué…

Mon corps et mon esprit avaient besoin d'un répit. Je ne pouvais accepter qu'une telle chose puisse m'arriver. Je croyais avoir le contrôle de ma vie, mais tout a basculé si vite. Ce fut une telle humiliation. Je n'arrivais même plus à fonctionner normalement. J'étais incapable de faire mes tâches quotidiennes comme : cuisiner, nettoyer ou même prendre soin de mes enfants. Marcher 20 mètres était, maintenant pour moi, une montagne à gravir et je pleurais tout le temps. J'ai heureusement bénéficié d'aide et j'ai vite repris une qualité de vie.

J'ai compris quelque chose de fascinant. J'avais demandé à l'Univers de quitter cet emploi que je n'aimais pas et qui prenait beaucoup trop de temps et d'énergie dans ma vie. Je ne vivais plus à cette époque. J'étais devenue une automate. Je n'aurais jamais quitté cet emploi par moi-même.

J'avais trop peur… peur de ne pas avoir les ressources financières pour subvenir à nos besoins, peur de regretter de quitter un emploi assuré avec fonds de pension, peur de ne pas savoir quoi faire de ma vie par la suite, peur d'être ridiculisée par mon entourage, de ne pas être supportée par ma famille et ainsi de suite… En somme, j'avais bien des peurs.

Mais l'Univers m'a retirée de cet emploi comme je l'avais demandé avec, en bonus, des primes de congé et du temps pour moi et ma famille. J'ai ainsi bénéficié d'une période de calme dans ma vie et j'ai aussi réalisé que je ne retournerais jamais dans ce travail qui prenait trop de ma vie et pour lequel je n'avais aucune passion.

LORSQU'UNE PORTE SE FERME, UNE PLUS GRANDE ET PLUS BELLE S'OUVRE.

Cette période m'a permis de me réorienter vers une de mes passions que sont les chevaux. Je suis donc passée de gestionnaire de projets informatiques d'envergure à... gérante d'écurie. Qui aurait pu croire, moi qui ne connaissais presque rien aux chevaux. C'était le début d'une grande et belle aventure qui se poursuit toujours.

Je n'ai jamais regretté ce changement de cap dans ma vie. J'ai retrouvé mon équilibre naturel, c'est-à-dire un équilibre de vie qui me permet de profiter de la vie tout en m'épanouissant professionnellement, émotionnellement et à tous les niveaux.

Cette expérience était initialement pour moi, un échec et une tragédie. Avec du recul, ce fut une bénédiction. L'Univers m'a entraînée dans une voie tellement plus énergisante et gratifiante. Il avait une vision pour moi. Il avait un plan tellement plus grand que je ne pouvais imaginer. J'ai appris à faire confiance à l'Univers. Il est bienveillant, puissant et est toujours là pour me supporter. Je me sens tellement aimée!

Ce simple exercice, d'écrire votre journée de rêve, pourra vous surprendre. Vous n'avez rien à perdre et tout à gagner à l'essayer. Ceci peut très bien se faire en attendant l'autobus ou pour occuper votre temps entre deux activités. Si vous désirez réellement changer votre vie, utilisez le pouvoir de l'écriture et débutez le changement auquel vous aspirez. Essayez-le…

Actions recommandées

Écrivez souvent.
Décrivez votre journée idéale.
Ressentez-la et savourez-la.
Et attendez-vous à des surprises.

Chapitre 12

Que désirez-vous ?

*A*vant tout, vous devez savoir ce que vous voulez attirer.

Afin de vous aider à savoir ce que vous désirez vraiment, il serait bénéfique de constater ce que vous ne voulez plus ou ne voulez pas. Il est habituellement facile pour nous de dire ce que nous ne voulons pas et n'aimons pas dans notre vie. Nous avons été conditionné à penser ainsi.

Voici donc deux nouvelles étapes du Processus de Création que je vous propose :

Processus de Création "Touch of Nature"

ÉTAPE 2:
Constater ce que vous ne voulez plus.

ÉTAPE 3:
**Définir ce que vous désirez
(Je veux – Pourquoi?)**

En sachant ce que l'on ne veut plus, on peut définir clairement ce que l'on désire.

Dans mon récit, lorsque ma fille Kaïla était malade, ce que je ne voulais plus c'était de la savoir malade et souffrante. Pour ce qui est de moi, je ne voulais pas vivre ainsi. Je voulais vivre pleinement avec des enfants en santé. Ceci était clair pour moi. En sachant ceci, j'ai pu définir ce que je désirais.

Je veux

> *Je veux* avoir une fille en santé et heureuse et je veux profiter de la vie avec elle.

Pourquoi?

> Pour que je puisse la voir profiter de la vie et vivre sa vie au maximum. Afin que je puisse évoluer avec elle et l'appuyer dans ses projets. Afin aussi, que je puisse savourer ses sourires, son évolution, ses réalisations et partager ses cheminements avec elle. Découvrir avec elle, au rythme de sa vie, tous les trésors qu'elle a à offrir au monde. Et plus que tout, pour l'aimer de tout mon cœur. Je mérite ce qu'il y a de mieux dans ma vie et elle aussi.

VOUS MÉRITEZ TOUJOURS
CE QU'IL Y A DE
MEILLEUR
DANS LA VIE.

Voilà, la façon dont je pensais. Je ne ressassais pas les côtés négatifs. Je n'ai pas voulu croire que ma fille Kaïla pouvait avoir toutes ces *différences*. Je n'ai même pas enregistré le mot: "hydrocéphalie". Mon cerveau l'a rejeté immédiatement. Je ne pouvais jamais me rappeler ce mot, lorsque je parlais de Kaïla. Le cerveau est très fort. Je ne voulais pas que cela fasse partie de ma réalité et mon cerveau m'assistait dans mon désir. Afin de rédiger ce livre, j'ai même effectué des recherches pour retrouver véritablement le diagnostic de Kaïla et le terme médical d'hydrocéphalie.

À l'époque de cette expérience, j'étais déterminée à changer ma réalité. Je venais d'accueillir dans notre monde, cette fillette que nous avions désirée si longtemps. Je laissais aller mon imagination. Vanessa, avec ses cinq ans, contribuait avec son côté imaginaire à nous inventer des scénarios des plus stimulants. J'embarquais dans ses jeux et quels merveilleux moments nous vivions.

La vie était si belle! C'est justement cette façon de penser qui nous a créé une vie si belle.

Utilisez cette façon de faire afin de définir clairement ce que vous désirez. Voici de nouveau, les étapes 2 et 3 du processus que je vous propose :

Processus de Création "Touch of Nature"

ÉTAPE 2:
Constater ce que vous ne voulez plus.

ÉTAPE 3:
Définir ce que vous désirez.
(Je veux – Pourquoi?)

Ne créez que des idéaux. Embellissez et enrichissez vos pensées et l'Univers manifestera votre monde extérieur selon le monde intérieur que vous créez en pensée.

Vous ne pouvez rien attirer si vos intentions ne sont pas claires. L'Univers ne peut deviner ce que vous désirez et, par le fait même, il ne peut vous le livrer. Prenez le temps de bien formuler ce que vous désirez. Il est fortement conseillé également de le mettre par écrit. Le pouvoir des écrits est incontestable.

*IL N'EST PAS PLUS DIFFICILE POUR
L'UNIVERS DE CRÉER
QUELQUE CHOSE
DE GROS OU DE PETIT.
ALORS PENSEZ GRAND!*

Visez les étoiles et vous pourrez atteindre la lune.

J'aimerais, par contre, vous mettre en garde. Soyez clair et ferme lorsque vous décidez ce que vous désirez. Votre subconscient ou votre égo tentera peut-être de vous faire changer d'idée ou de vous faire douter de la validité de votre choix. C'est tout à fait naturel. Votre égo est là pour vous permettre de survivre et dès que vous essayez de vous diriger dans une direction quelque peu inconnue pour lui, il interprète cela comme un danger. Mais, vous avez le pouvoir sur cet égo et vous pouvez vous convaincre de la validité de votre choix.

Si vous dites avec conviction et énergie "*JE VEUX*" (par exemple: "*Je veux* cette maison"), l'Univers commence à synchroniser les évènements, les gens et les situations pour vous permettre d'accéder à ce que vous désirez. Vous ne pouvez même pas imaginer tout ce que l'Univers peut faire pour vous.

Par contre, si l'instant d'après vous dites: *"Je ne pourrai jamais me permettre cette maison"* ou *"c'est peut-être trop tôt"* ou *"Je crois que je préfère vivre à logement puisque c'est moins de responsabilité"*, alors l'Univers cesse tout ce qu'il avait entrepris.

Quelque temps après, vous revenez en force avec conviction et dites: "*Je veux* cette maison". L'Univers recommence à synchroniser les évènements, les gens et les situations pour vous permettre d'accéder à ce que vous désirez.

Encore une fois, le doute vous tenaille et vous dites que vous ne voulez plus vraiment de cette maison. L'Univers, de nouveau, arrête tout.

L'Univers est patient et répond toujours à vos vibrations, mais après un certain temps, il devient tout mélangé lorsque vos énergies sont également toutes mélangées. Vous devez vraiment savoir ce que vous désirez.

Une incertitude concernant vos désirs crée des délais dans la manifestation. Parfois, vos doutes pourront même annuler votre demande. Soyez clair au sujet de ce que vous désirez et maintenez cette vibration. Cela facilitera et activera tellement la réalisation de votre désir.

☯ Actions recommandées

Décidez maintenant ce que vous désirez.
Soyez clair et mettez-le par écrit.
Maintenez ensuite votre vibration positive
et un désir constant avec beaucoup d'amour.
Surtout, croyez fermement que vous l'aurez.

Chapitre 13

Votre grande intention.

*N*ous avons tous un but ultime, notre intention personnelle.

Ce but ultime est votre grande intention. Lorsque vous êtes animé d'un désir ardent, vous êtes inspiré à réaliser votre objectif. Ce désir doit venir du plus profond de votre être. Vous devez être persuadé que vous pouvez faire tout ce qui doit être fait pour l'atteinte de cet objectif.

Votre intention ou désir peut aussi être quelque chose comme votre résolution du nouvel an que vous désirez traiter avec plus de pouvoir.

Certains savent de façon intuitive ce qu'ils désirent. D'autres, par contre, sont confus. Ils ne savent pas vraiment. La réponse est en vous. Demandez-vous : "*Qu'est-ce que je veux vraiment?*". Les idées viendront naturellement, si vous savez écouter. Parfois, c'est très subtil.

Cette intention pourra se transformer à mesure que vous évoluerez. Rien n'est ancré dans le béton, tout évolue. Et c'est parfait ainsi.

Voici donc la quatrième étape du processus que je vous propose:

Processus de Création "Touch of Nature"

ÉTAPE 4:
Élaborer votre intention (votre désir) et la mettre par écrit.

Pour formuler votre grande intention, je recommande d'utiliser la méthode présentée dans le livre "Pensez et devenez riches" de Napoleon Hill. J'ai lu ce livre à succès à plusieurs reprises et je le suggère fortement.

Voici certaines règles que vous devez appliquer pour formuler votre intention :

1. Formulez votre intention au présent.

2. Avant tout, affirmez *"Chaque jour dans tous les aspects de ma vie, je deviens de mieux en mieux"*.

3. Débutez ensuite votre intention par : *"Je suis tellement heureux et reconnaissant maintenant que je suis..."*.

4. Définissez une date à laquelle vous visez la réalisation de votre désir. Soyez réaliste et optimiste. Si vous

n'êtes pas à l'aise pour définir une date, ne le faites tout simplement pas. Il est préférable de ne pas mettre de date si vous pensez vous décourager si votre intention n'est pas réalisée à l'approche de votre date. Car dans ce cas, vous émettrez des vibrations négatives et vous repousserez votre intention. L'Univers nous surprend souvent. Il peut livrer votre intention à la toute dernière minute, mais il importe de croire que c'est possible jusqu'au bout.

5. Stipulez ce que vous prévoyez offrir en retour de la réalisation de votre intention. Tout est équilibre. Vous devez donner afin de recevoir.

L'UNIVERS EST LÀ POUR VOUS AIDER ET FAIRE CE QU'IL FAIT DEPUIS TOUJOURS : CRÉER.

Allons-y maintenant avec des exemples :

a) Je suis tellement heureux et reconnaissant maintenant que je suis rayonnant de santé et que je possède un corps sain et parfaitement mobile pour le... *date*. En échange, je m'engage à visiter, chaque mois, les enfants qui luttent pour vaincre leur cancer et les encourager dans leur démarche.

b) Je suis tellement heureux et reconnaissant maintenant que je suis propriétaire de compagnies prospères qui génèrent des profits croissants de centaines de milliers de dollars, année après année à partir d'aujourd'hui le... *date.* En échange, je m'engage à ouvrir des garderies sur les sites pour faciliter la qualité de vie des familles de nos employés.

c) Je suis si heureux et reconnaissant maintenant que je suis en couple avec la partenaire idéale avec qui je peux faire grandir mon amour et réaliser mes rêves d'ici le... *date.* En échange, je m'engage à poursuivre mon cheminement de croissance personnelle qui me permet de m'améliorer constamment et ainsi de faire un monde meilleur.

Rédigez maintenant votre intention. Cette intention guidera vos choix et vos actions pour vous amener vers votre but ultime. Cette intention doit générer beaucoup de passion et de plaisir. Vous avez maintenant un but ultime et l'Univers est là pour vous assister.

VOTRE INTENTION
DOIT GÉNÉRER
UN DÉSIR
TRÈS INTENSE EN VOUS.

Vous pouvez définir des intentions pour chacun des aspects de votre vie :

- Intellectuel
- Physique
- Famille
- Vie professionnelle
- Dimension spirituelle
- Finances
- Social

Trop de gens ne savent pas ce qu'ils désirent de la vie. L'Univers ne peut donc pas organiser et synchroniser des évènements, des rencontres ou des situations qui peuvent les propulser vers les sommets. Ces gens se laissent porter par le courant de la vie sans être conscients qu'ils sont les capitaines de leur embarcation et qu'ils peuvent la diriger vers les destinations désirées.

Vous avez compris ce principe et vous prenez votre destinée en main en rédigeant vos intentions. Les forces de l'Univers sont maintenant disposées à faire ce qu'elles font depuis toujours: créer.

Créer ce que votre esprit a décidé de réaliser. Surtout, n'essayez pas de dire à l'Univers *"Comment"* faire les choses. Nous avons une vision très limitée sur les pouvoirs infinis de l'Univers. Concentrez-vous sur ce que vous désirez et laissez l'Univers faire son travail. Je suis toujours surprise des moyens que l'Univers utilise pour faire arriver les choses dans ma vie. C'est habituellement beaucoup plus et mieux que ce que j'avais espéré.

Pour vous aider à activer votre désir, vous pouvez écrire votre intention sur une petite carte que vous pourrez garder avec vous, pour vous rappeler votre intention. Vous pouvez conserver cette carte dans une de vos poches et dès que votre main viendra en contact avec elle, le subconscient vous rappellera votre intention. Vous pouvez aussi la conserver dans votre sac ou votre porte-monnaie. Le but est de la voir plusieurs fois par jour afin d'activer le mécanisme de pensée automatique.

Vous pouvez aussi mettre votre intention par écrit près de votre ordinateur, l'intégrer comme page d'accueil dans l'ordinateur, ou faire un rappel automatique sur vos équipements électroniques. Vous pouvez trouver votre méthode particulière pour faire des rappels de votre intention. Ces méthodes sont toutes aussi bonnes les unes que les autres. Allez-y avec ce qui vous convient le mieux.

En définissant vos intentions, vous êtes parmi les rares personnes qui ont une direction dans leur vie. Laissez maintenant votre désir intense vous inspirer des actions.

Actions recommandées

Rédigez votre intention qui
génère en vous un désir intense.
Conservez-la dans un endroit où vous
pourrez facilement vous la remémorer.

Chapitre 14

Définir ses affirmations.

*L*a précision facilite la réalisation de vos désirs.

Lorsque vous commandez dans un catalogue, vous savez exactement ce que vous désirez. Dans la vie c'est la même chose. La précision de vos affirmations (ou ce que vous désirez) est très importante. Assurez-vous de savoir les détails de ce que vous désirez et formulez ces affirmations de façon précise.

Une affirmation est un énoncé positif sur un objectif visé. En résumé, vous exprimez votre intention de faire ou d'être. Les affirmations positives concernant l'intention ou l'objectif que vous désirez servent à reprogrammer votre cerveau pour l'atteinte de résultats. Plus vous les utilisez, les répétez et le faites avec conviction et émotion, plus vous accélérez le processus pour que votre cerveau puisse y adhérer.

LES AFFIRMATIONS CONTRIBUENT À REPROGRAMMER VOTRE SUBCONSCIENT AFIN DE RÉALISER VOS OBJECTIFS.

Vous avez défini ce que vous désirez (avec: *Je veux* et *Pourquoi*?). Vous avez ensuite défini une intention claire, une direction de vie. Vous définissez maintenant vos affirmations qui supportent votre intention.

Voici la cinquième étape du processus que je vous propose :

Processus de Création "Touch of Nature"

ÉTAPE 5:
Formuler des affirmations qui soutiennent votre intention (désir).

Pour vous permettre d'établir des affirmations claires et puissantes, vous devez respecter quelques règles :

1. Mettez vos affirmations par écrit.

2. Le verbe est au présent.

3. Définissez des énoncés précis et courts.

4. Écrivez comme si c'était personnel, à la première personne du singulier. Vous parlez de vous. Exemple: je suis, j'attire, j'ai…

5. L'énoncé reflète la situation telle que vous voulez qu'elle soit.

6. Déclarez seulement ce que vous désirez. Ne mentionnez pas ce que vous ne désirez pas. Votre subconscient élimine la forme négative. Il formule tout en positif. Ne dites pas : *"J'aimerais ne plus avoir peur des chiens"*. Formulez plutôt votre affirmation de la façon suivante: *"Je suis à l'aise avec les chiens et ils m'aiment bien"*.

7. Vous pouvez affirmer ce que vous désirez, mais vous devez y croire. Si vous voulez attirer une certaine somme d'argent dans une période donnée, vous devez croire que ceci est possible. Sinon votre subconscient ne pourra adhérer et réaliser ce que vous désirez. Si vous gagnez 5000 $ par mois et que vous désirez attirer 100 000 $ par mois, peut-être que cette marche est un peu trop haute pour votre subconscient. Attention, il importe ici de préciser que pour l'Univers, rien n'est impossible. Toutefois, il s'agit ici des croyances que vous avez. Si vous ne croyez pas ceci possible, allez-y graduellement. Visez un montant que vous jugez possible, par exemple 6000 $ par mois. Lorsque l'objectif est atteint, vous pourrez ainsi monter à la prochaine marche de votre escalier et vous fixer un nouvel objectif.

Cette règle de croire que votre énoncé est réaliste à atteindre s'applique à toutes vos affirmations et vos intentions qui formulent des quantités de quelque chose. Si votre objectif est trop fort pour que votre subconscient y adhère, allez-y graduellement, par petites étapes.

Voici des exemples d'affirmations:

- Je suis maintenant en parfaite santé et je profite de la vie.

- Je fais au moins trois nouvelles ventes chaque jour.

- Je partage ma vie avec le ou la partenaire idéal.

- Mes amis sont sincères et bons.

- Je réussis facilement tous mes examens.

- Je vais de mieux en mieux chaque jour.

- Mes clients sont comblés et me réfèrent toujours plus de clients.

- Je vis dans la paix et le calme.

- L'argent vient à moi en abondance comme l'air que je respire.

- Chaque jour, je me rapproche de mon poids idéal.

Maintenant que vous avez formulé des affirmations concises et précises sur ce que vous désirez, je vais vous donner des petits trucs pour accroître leurs pouvoirs (vibrations).

Nous avons déjà mentionné que nos paroles, nos pensées et nos émotions sont des vibrations. Comme toute chose est vibration et que la Loi de l'Attraction est infaillible, nous devons renforcir la vibration de nos affirmations afin de leur permettre de se matérialiser dans notre vie.

Voici maintenant quelques petits trucs. Adaptez-les à ce qui vous convient. Soyez à l'aise avec votre façon de faire.

a. Dites vos déclarations à haute voix de façon à vous entendre. Si vous êtes seul, vous pouvez y aller avec de l'intensité. Idéalement, dites-les au moins deux fois par jour, le matin au réveil et le soir avant de vous mettre au lit. Vous pouvez également les dire plusieurs fois par jour. Plus vous occuperez votre cerveau avec vos affirmations, plus votre subconscient les adoptera rapidement.

b. Vous pouvez chanter vos affirmations. J'aime bien faire ceci lorsque je suis seule dans ma voiture. Je chante avec conviction. Les automobilistes qui me croisent doivent penser que je n'ai pas toute ma tête. Ça m'amuse… et je peux vous dire que je génère beaucoup de vibrations.

c. Essayez de vous regarder dans le miroir pendant que vous dites vos affirmations à haute voix, c'est encore mieux.

d. Lorsque vous formulez vos intentions, mettez votre main sur votre cœur ou votre gorge afin de sentir les vibrations. Elles circulent ainsi plus fortement dans votre corps. J'aime bien mettre ma main sur mon cœur en disant mes affirmations.

e. Mettez-y de l'émotion. Vous pourrez ainsi multiplier vos vibrations. Soyez inventif. Ressentez la joie d'avoir déjà atteint votre but.

f. Vous pouvez également dire vos affirmations en faisant votre sport. J'aime bien dire mes affirmations en prenant une marche, en dansant ou sautant sur mon mini trampoline. J'enfile mes écouteurs avec des affirmations préenregistrées et je les répète à voix haute en m'entraînant. C'est vraiment énergisant!

g. Utilisez votre imagination pour voir votre affirmation réalisée. L'imagination est d'une grande puissance. Plus vous vous exercerez à utiliser votre imagination, plus cela deviendra facile. Nous offrons des outils vous permettant d'utiliser votre imagination afin de visualiser votre but déjà atteint. Cela peut être utile pour vous habituer à utiliser votre imagination.

h. Afin de vous rappeler de penser à vos affirmations, vous pouvez les écrire et les afficher à différents endroits où vous pourrez les voir pendant votre journée.

i. Sur votre ordinateur ou vos équipements électroniques, il est également possible d'afficher ou d'entendre vos affirmations. Il existe divers outils sur le marché qui offrent différentes options. Vous pouvez aussi laisser les affirmations se dérouler comme bruit de fond ou comme vidéo de fond pendant que vous vaquez à vos occupations.

j. J'ai créé un montage vidéo avec mes affirmations et des chansons. J'aime l'écouter et le regarder le matin pendant que je me prépare. Ça donne envie de danser et ça commence tellement bien la journée!

AFIN D'ANCRER VOS AFFIRMATIONS DANS VOTRE SUBCONSCIENT, VOUS DEVEZ LES RESSENTIR.

Il existe aussi de nombreux outils sur le marché avec des affirmations écrites ou préenregistrées adaptées pour différents domaines de votre vie: santé, bonheur, amour, abondance, argent, carrière, forme physique, amaigrissement…

☯ Actions recommandées

Rédigez vos affirmations.
Répétez-les avec conviction et émotion.
Visitez notre site Web
www.abondanceparlanature.com
pour des outils vous permettant de varier la
façon de les enregistrer dans votre subconscient.

Chapitre 15

La certitude absolue

*D*écidez maintenant que vos désirs se réalisent!

Au Canada, où j'habite, nous connaissons un climat très changeant lié aux saisons : l'hiver, le printemps, l'été et l'automne.

L'hiver, tout est au ralenti. Tous les éléments de la nature sommeillent. Le paysage est blanc, certains animaux hibernent, d'autres migrent vers les climats plus chauds et certains autres vivent au ralenti. Les gens profitent de la chaleur de leur foyer et enfilent des vêtements chauds pour sortir. Ils s'amusent également à l'extérieur en pratiquant leurs activités préférées dans la neige blanche.

Le printemps, la neige fond, les premières fleurs font leur apparition, les érables laissent couler leur sève que nous recueillons pour faire du sirop d'érable et toute la nature se réveille. Les journées sont plus longues et nous retrouvons de l'énergie. C'est le recommencement d'un cycle. C'est le temps de semer. C'est également le temps des amours.

L'été, le soleil réchauffe nos cœurs et la nature. Tout est si beau et inspirant. C'est la saison des vacances familiales et des projets. Nous avons de l'énergie et voulons profiter de ces longues et belles journées. La nature est tout en beauté.

L'automne, tout ralentit. C'est le retour à l'école pour les enfants et la reprise du quotidien. C'est la saison des récoltes. Les arbres libèrent leur feuillage pour revenir plus beaux et plus forts au prochain printemps.

Nous vivons au rythme de ces saisons. La nature a confiance aux cycles de création. Ces cycles sont puissants, constants, et produisent toujours avec expansion. Nous devons comprendre que l'Univers fait de même pour nous. Nous vivons également notre vie au rythme de nos propres saisons.

NOUS DEVONS NOUS ADAPTER ET SUIVRE LE RYTHME DES SAISONS DE NOTRE VIE.

Si l'Univers peut synchroniser toute cette évolution dans les moindres détails, nous devons croire qu'il peut en faire de même avec nos désirs.

Voici la sixième étape du processus que je vous propose:

Processus de Création "Touch of Nature"
ÉTAPE 6:
Croire avec certitude
que c'est possible.

Gardez le focus sur vos désirs, persistez à y croire et vous les obtiendrez. Lorsque des inquiétudes surgissent dans votre esprit, réalignez votre attention vers des pensées plus positives.

Parfois dans votre vie rien ne va plus. Vous faites les efforts avec les actions recommandées dans ce livre, mais cela semble inefficace. Les résultats ne se produisent pas comme vous l'espérez.

Surtout n'abandonnez pas!

Trop de gens abandonnent et laissent les évènements dicter leur vie et leur futur. Vous méritez bien mieux. Vous êtes le créateur de votre vie!

Comme nous l'avons mentionné à quelques reprises, nous attirons nos expériences avec nos pensées et nos émotions. Si pendant de nombreuses années, vous avez maintenu des pensées de manque et de problèmes, il est possible qu'il faille un certain temps à l'Univers pour tout réorganiser. Toutefois, en fonction de la force de l'énergie créatrice avec laquelle vous vibrez maintenant, l'Univers peut également matérialiser votre nouvelle réalité dès maintenant. Vous devez croire en vos rêves et maintenir des pensées constructives.

EN MAINTENANT DES VIBRATIONS POSITIVES ET D'AMOUR, VOUS VOUS TRANSFORMEZ POUR LE MIEUX.

Quand j'étais enfant, nous avions un lance-pierre (slingshot). Il était constitué d'un petit bout de bois en forme de Y auquel on attachait un élastique pour relier les deux extrémités supérieures ensemble. La partie verticale du bas nous servait de poignée. En tenant le lance-pierre dans une main, on tenait de l'autre main, un caillou contre l'élastique. En tirant l'élastique vers nous avec le caillou, on visait une cible. On relâchait l'élastique avec le caillou, et il volait vers la cible. Plus l'élastique était tendu, plus le caillou pouvait être propulsé loin.

Lorsque je suis dans une période où j'ai l'impression de reculer et que mes désirs tardent à se matérialiser, je m'imagine dans un lance-pierre (slingshot). Je suis le caillou. Plus la situation semble s'éloigner de mon but, plus mon élastique est tendu.

L'Univers attend toujours le bon moment pour me propulser très loin. Et lorsque je suis projetée vers mon but, l'Univers livre toujours plus que je n'avais espéré.

Pour moi, les buts qui tardent à se matérialiser, signifient simplement que l'Univers tend mon élastique et me réserve un vol vers quelque chose de magique. C'est une de mes croyances. Puisque cette croyance est sauvegardée dans mon inconscient, mon monde extérieur me livre cette réalité.

Continuez toujours à croire en votre idéal, en maintenant de hautes fréquences vibratoires qui génèrent de l'énergie positive et créatrice. Gardez la foi. Rappelez-vous mon exemple du lance-pierre avec vous comme étant le caillou. Vous allez bientôt être propulsé vers vos rêves…

☯ Actions recommandées

Croire est un élément important du processus de création. Pour vous aider dans les moments de découragement, imaginez-vous dans le lance-pierre, vous allez bientôt partir pour votre merveilleuse envolée.

Chapitre 16

L'imagination permet de visualiser.

À travers l'imaginaire, vous pouvez créer votre vie!

L'imaginaire est très puissant. Nos capacités d'accéder à l'imaginaire à travers notre esprit diminuent souvent avec l'âge. Peut-être parce que nous utilisons de moins en moins ces capacités en grandissant.

Les enfants ont cette facilité de se créer un monde imaginaire personnel à eux. Ils ont même parfois des amis imaginaires et inventent souvent leurs propres aventures basées sur ce qu'ils ont vu, entendu ou expérimenté. En vieillissant, les enfants délaissent malheureusement ces talents qui leur permettraient d'accéder à l'imaginaire. Cela, est habituellement causé par les pressions de la société, de la famille ou toute autre entité qui influence de près ou de loin les conceptions des jeunes.

LA VISUALISATION APPUYÉE PAR DES ÉMOTIONS PUISSANTES VOUS CONVERTIT EN UN AIMANT À PROSPÉRITÉ.

Peu importe les raisons qui vous ont amené à négliger vos capacités d'accéder à l'imaginaire puisque vous pouvez entraîner votre esprit à y accéder sur demande. Plus vous pratiquez et laissez votre esprit accéder à l'imaginaire (pour créer les situations, les gens, les choses idéales pour vous), plus vous deviendrez un aimant à prospérité.

Voici la septième étape du processus que je vous propose:

Processus de Création "Touch of Nature"

ÉTAPE 7:
Visualiser votre vie avec
votre intention déjà réalisée.

Je vous propose un exercice pour vous aider à développer ces capacités qui permettent d'accéder à l'imaginaire.

Cet outil de visualisation est très puissant. Il réveille tous vos sens à travers votre imaginaire. Vous pouvez le pratiquer aussi souvent que vous le désirez. Il s'adapte à toutes les situations.

Lorsque vous êtes dans votre lit et que vous n'arrivez pas à trouver le sommeil, c'est tout à fait recommandé. Vous dormirez ainsi une nuit paisible en émanant des vibrations positives qui permettent d'attirer les bonnes choses dans votre vie. Cette visualisation préenregistrée est disponible gratuitement sur notre site Web.

Alors, débutons cette visualisation:

Allongé sur le dos ou assis avec les pieds bien à plat au sol, placez vos mains confortablement avec vos paumes dirigées vers le ciel. Fermez les yeux et détendez tous les muscles de votre corps, l'un après l'autre, en commençant par vos orteils, vos chevilles, vos mollets, vos genoux, et vos cuisses. Poursuivez ainsi en montant tranquillement et en relâchant paisiblement toute tension de votre corps, de votre dos, de votre torse, de vos bras et de vos mains. Continuez jusqu'à votre cou, vos oreilles, les muscles de votre bouche, de votre mâchoire, vos joues, vos yeux et vos sourcils. Vous êtes maintenant complètement détendu. Vous respirez doucement et régulièrement. À chacune de vos respirations, vous sentez une vague de relaxation qui part de votre tête et qui parcourt tout votre corps, pour se perdre à l'extrémité de vos pieds.

Maintenant, inspirez l'air de l'Univers abondant. Gardez-le, puis expirez lentement en relâchant la tension et les sentiments négatifs qui vous habitent encore. Inspirez de nouveau, gardez votre air, puis expirez paisiblement. Encore une fois, inspirez l'abondance, gardez-le afin qu'il circule en vous et libérez l'air avec les dernières émotions négatives encore présentes. Vous êtes maintenant parfaitement détendu et en paix.

Visualisez maintenant ce qui suit :

Vous vous trouvez présentement dans une pièce avec un plafond au-dessus de vous. Tout est sombre et calme. Avec un léger souffle, le plafond s'ouvre tout doucement pour créer un passage. Une lumière pâle illumine l'ouverture dans le plafond. Un escalier descend lentement devant vous. Dans un élan de curiosité, vous vous levez doucement de votre position et vous vous dirigez vers l'escalier. Tranquillement, vous posez votre pied nu sur la première marche de l'escalier. Tout semble tellement réel. Vous gravissez chacune des marches avec hésitation.

Lorsque vous arrivez à voir par l'ouverture dans le plafond, un brouillard masque votre vue, mais tout semble si paisible là-haut. Vous désirez aller voir de plus près. Marche après marche, vous poursuivez votre montée. Lorsque vous avez enfin complété votre ascension lente et sereine de l'escalier, vous posez enfin vos pieds sur le sol du palier. Sous vos pieds nus, vous pouvez ressentir la douceur du gazon frais et tendre. Que se cache-t-il donc dans cet endroit mystérieux? Tranquillement le brouillard se dissipe pour vous révéler un spectacle merveilleux. Vous réalisez que vous accédez au jardin d'Eden. Un endroit paradisiaque.

Tout autour de vous, vous remarquez un jardin rempli de fleurs minutieusement disposées entre les sentiers protégés par quelques grands arbres majestueux. Le parfum est si doux et apaisant. Des oiseaux chantent harmonieusement et s'amusent dans le ciel parfaitement ensoleillé et orné de nuages moelleux. Une coulée d'eau murmure son refrain constant pendant que les écureuils et les lapins s'amusent parmi cette végétation. Vous respirez le doux parfum et appréciez cet endroit inspirant.

Vous avancez tranquillement en sentant la douceur du sol sous vos pieds et en humant les parfums légers. Le soleil réchauffe votre peau pendant que la nature chante une mélodie parsemée du ruissellement de l'eau, des gazouillis des oiseaux et de la brise dans les branches.

Vous vous dirigez vers un banc de bois sculpté par la nature dans un immense tronc d'arbre. Vous vous asseyez en savourant la musique de la nature avec les yeux fermés pendant que le vent caresse votre peau.

Soudainement, comme sortant de la profondeur d'un grand arbre, une voix grave et calme retentit: "Que désires-tu?", "Que désires-tu être, avoir ou faire?".

Sur ces mots, vous ouvrez les yeux. Vous regardez partout autour de vous. Tout y est si parfait. Vous savourez ce moment précieux en humant l'air pur. Vous êtes si bien. Tout est calme. Vous vous surprenez à rêver et imaginer... En fermant les yeux et avec détachement, vous laissez voler votre imagination. Vous êtes si bien, tellement bien...

Tout ce que vous pouvez imaginer et espérer peut maintenant se matérialiser dans ce ciel magique. Levez les yeux vers le ciel, et contemplez tout ce qui vous fait envie. Tout ce que vous voyez a été créé par vos pensées. Vous pouvez maintenant sélectionner ce que vous désirez et l'attirer dans votre vie. C'est pour vous! L'univers est bienveillant et vous l'offre.

Vous le méritez!

Que vous désiriez, un nouveau travail, trouver votre âme sœur, un nouveau véhicule, des retrouvailles, un corps en santé, une somme d'argent, une maison, un voyage, un ami... Laissez-vous simplement aller à rêver. Créez en pensée, ce que vous désirez.

Si vous vous imaginez accomplir une certaine tâche ou faire quelque chose de précis, vous le faites maintenant avec la plus parfaite facilité. Si vous vous imaginez être cette personne que vous aspirez être, vous êtes maintenant cette personne qui réussit tout ce qu'elle entreprend avec facilité et succès.

Laissez aller votre imagination. Laissez-vous vraiment porter par vos rêves... Tout est possible en pensée!

Dès que vous avez une nouvelle pensée, celle-ci se matérialise immédiatement dans ce ciel mystérieux. Vous pouvez ainsi accéder à tout ce que vous désirez. Oui, vous avez bien entendu, Tout, Tout, Tout!

Utilisez tous vos sens. Rendez cette expérience si vraie, comme si vous la viviez vraiment.

Lorsque vous voyez ou sentez l'objet ou le symbole de vos désirs flotter dans le ciel, tendez vos bras et attrapez ce qui vous fait envie. Il est maintenant à vous. Vous l'avez attiré à vous. Rapprochez-le vers votre cœur. Serrez-le avec passion. Gardez ce rêve réalisé bien blotti sur votre cœur. Ressentez toutes les émotions telles qu'elles seraient si vous possédiez réellement cette chose dans votre vie.

Vous êtes dans un état de satisfaction total. Ressentez toutes les émotions que ce bien-être vous procure. Ressentez-les si fort que tous vos sens puissent se souvenir de ces vibrations. Imprégnez ce bonheur dans tout votre corps. Respirez le parfum de votre désir. Touchez sa texture. Regardez et imprégnez-vous de cette image en trois dimensions de votre désir. Écoutez tous les bruits et goûtez la saveur émanant des situations avec votre désir accompli. Laissez votre esprit mémoriser toutes ces merveilleuses sensations.

Votre reconnaissance est au comble. Vous vous sentez bien et tout votre corps répond à cette merveilleuse énergie.

Prenez quelques instants pour préciser et créer votre rêve en perfection. Savourez ces moments précieux. Vous avez ici et maintenant ce que vous désirez. Vous l'avez vraiment et avec tant de facilité!

Savourez votre succès. Vous êtes capable d'être, d'avoir ou de faire tout ce que vous désirez. Ne l'oubliez jamais. Surtout, ne l'oubliez jamais.

Vous êtes si bien!...

Tranquillement revenez vers cette ouverture dans le plafond, en marchant sur le sol si doux et frais et descendez tranquillement les marches qui vous ramènent à votre lieu de départ. Reprenez votre position confortable initiale et laissez votre corps ainsi que votre âme savourer ce bien-être.

Lorsque vous vous sentez prêt, ramenez votre esprit dans le moment présent. Ouvrez doucement vos yeux et bougez légèrement votre corps.

Vous pouvez utiliser cette visualisation, aussi souvent que vous le désirez.

VOUS POUVEZ ACTIVER VOTRE FORCE D'ATTRACTION EN CRÉANT LES ÉMOTIONS DE JOIE ET DE BIEN-ÊTRE PAR LA VISUALISATION.

Vous pouvez également demander à quelqu'un de vous lire ce texte pour vraiment vous mettre dans le contexte. Nous offrons aussi sur notre site Web, un enregistrement de cette visualisation que vous pouvez télécharger sur votre ordinateur ou certains équipements électroniques. Nous y avons ajouté des bruits de la nature qui sont, pour moi, d'une grande inspiration.

Cet enregistrement peut être écouté à votre convenance. J'aime bien l'utiliser le soir avant de m'endormir. Cela débute bien ma nuit de sommeil puisque je génère ainsi des vibrations de réussite avec lesquelles tout mon être est imprégné. En plus de me sentir bien, mon esprit et mon corps sont conditionnés positivement et je peux bénéficier de cet état de bien-être pendant mon sommeil.

Vous pouvez également varier cette visualisation à votre guise. Mon côté imaginaire crée souvent des visualisations différentes. J'adore laisser cette partie créatrice en moi faire surface. Alors, utiliser vous aussi votre imagination afin de l'adapter à vos besoins et à votre personnalité.

Surtout, le plus important, est de vous amuser et de vous sentir bien. N'oubliez jamais que c'est ainsi que vous devenez un aimant qui attire ce que vous désirez dans votre vie. Alors, amusez-vous!

☯ Actions recommandées

Pratiquez cet exercice aussi souvent que vous le désirez. Vous vous rapprocherez ainsi émotionnellement de votre but.
Visitez www.abondanceparlanature.com
Certains outils peuvent vous aider à vraiment vous mettre dans l'état requis pour attirer ce que vous désirez.

Chapitre 17

Donnez, donnez et donnez encore

*P*our recevoir, il faut donner.

Il existe une règle simple. Vous devez donner, si vous voulez recevoir. L'Univers ne peut livrer, si vous ne donnez rien. Nous avons tous quelque chose à offrir.

Nous avons tous remarqué que lorsque nous offrons un sourire, les gens nous retournent habituellement notre sourire. Il ne coûte rien d'offrir des sourires, du temps, de l'attention, un mot de remerciement, une référence, etc…

**VOUS DEVEZ
DONNER
POUR RECEVOIR.**

Vous pouvez enjoliver la journée d'une personne avec un simple compliment. Beaucoup plus de gens que vous ne le croyez ne reçoivent pas de mots gentils et d'encouragement dans leur vie. C'est pourtant si facile à offrir. Avec de telles attentions pour votre prochain, vous contribuez à créer un monde meilleur. Il est si réconfortant de voir le visage d'une personne s'illuminer par un geste simple ou une parole gentille à leur égard.

Peu de gens également remercient sincèrement. Un petit mot gentil écrit de votre main a souvent un impact merveilleux. Celui qui le reçoit apprécie cette attention et se souviendra de vous d'une façon très positive.

Je sais que ceci n'est peut-être plus vraiment valorisé, mais céder sa place dans l'autobus à quelqu'un qui porte un enfant, qui a les bras pleins ou qui est plus âgé que vous est une belle attention.

Lorsque vous patientez en ligne pour passer à la caisse d'un magasin, vous pouvez également proposer à quelqu'un qui a moins d'articles que vous, de passer à votre place.

De telles délicatesses sont souvent les plus appréciées.

La nature, de son côté, regorge aussi de beauté à offrir. Prendre le temps de regarder un merveilleux coucher de soleil avec une personne précieuse peut être un moment mémorable. Recevoir des fleurs sauvages cueillies spontanément dans un champ réveille des émotions de bien-être.

DONNEZ
EN N'ESPÉRANT RIEN
EN RETOUR.

Les enfants savent spontanément offrir des choses gratuites. Un gros câlin, un dessin, une petite gentillesse.

L'enfant qui ramène à la maison ses roches magiques en guise de cadeau nous émeut toujours.

Comme vous pouvez le réaliser, vous pouvez tous offrir quelque chose aujourd'hui. Prenez le temps de le faire. Faites-en une pratique constante. Donnez et donnez encore.

Je ne parle pas ici uniquement d'argent. L'argent est parfois ce qu'il convient de donner dans certaines situations, mais l'abondance n'est pas que de l'argent. Vous pouvez trouver ce qu'il vous convient de donner. En donnant, on se sent bien et on vibre pour attirer plus d'abondance dans notre vie.

Je rêve d'un monde où nous donnerions plus de compliments et moins de critiques, plus de sourires que de rage, plus de reconnaissance que d'indifférence, plus d'amour que de haine…

Avec de petits changements dans nos habitudes, cela est possible. Ouvrez les portes de l'abondance et du bonheur en prenant l'habitude de donner dans la joie et l'amour. L'Univers vous le rendra de diverses façons.

☯ Actions recommandées

Donnez aujourd'hui, demain et encore.
L'abondance frappera à votre porte.

Chapitre 18

Donner et recevoir, un équilibre

*D*onner c'est très bien, mais recevoir l'est tout autant.

Beaucoup de gens pensent qu'il est mieux de donner et éprouvent de la difficulté à recevoir. Tout est question d'équilibre. L'un n'est pas mieux que l'autre.

Vous devez appendre à recevoir pour avoir la vie dont vous rêvez. L'Univers synchronise toujours des évènements, des gens et une multitude d'éléments pour livrer ce que vous attirez dans votre vie. Votre devoir est d'être prêt à les accepter lorsqu'ils se présentent.

**VOUS DEVEZ ACCEPTER
AVEC JOIE ET GRATITUDE,
MÊME LES PLUS PETITES CHOSES.**

La majorité des gens ne savent pas recevoir. Puisqu'ils ne savent pas recevoir, ils ne reçoivent pas. Plusieurs ont le sentiment de ne pas en être dignes ou de ne pas le mériter. Cette mauvaise estime de soi vient habituellement de leur conditionnement depuis l'enfance. Certains développent le sentiment de ne pas être à la hauteur de leurs pairs ou de ne pas satisfaire aux attentes des autres. Il y a aussi le sentiment que l'on mérite à certains moments d'être puni. Comme parfois, vous êtes plus âgé et personne n'est là pour vous punir, alors vous vous punissez inconsciemment vous-même.

Rappelez-vous maintenant que rien n'a de sens que le sens qu'on lui donne. Vous et vous seul pouvez décider maintenant d'être digne. Si vous le décidez et le dites, vous êtes digne. C'est aussi simple que ça.

Lorsque vous refusez les bonnes choses que l'Univers désire vous offrir, vous coupez le flux d'abondance. En somme, vous lancez à l'Univers un message que vous ne désirez pas ce qui vous est présenté ou que vous en êtes indigne.

Si un ami refuse le cadeau que vous lui offrez de bon cœur, allez-vous répéter votre geste en lui offrant un nouveau cadeau. Je pense bien que non. Et vous auriez bien raison.

J'ai moi-même déjà remis un cadeau à une amie pour son anniversaire. Un cadeau que j'avais choisi avec joie et amour juste pour elle. Elle m'avait aidée dans un de mes projets et j'étais contente de lui offrir ce cadeau. Elle ne s'y attendait pas. Après notre repas, je lui ai remis son présent. Elle me l'a rendu en disant que cela la mettait mal à l'aise. J'étais tellement triste. Cela m'a vraiment déçue en plus de terminer la soirée sur un léger froid. Sans le savoir, elle venait de me refuser mon plaisir de donner. J'ai réalisé qu'il est très déplaisant de se faire refuser un cadeau que l'on donne avec cœur. Comme je ne veux pas que les autres se sentent ainsi, je reçois avec joie et reconnaissance. Je suis maintenant assez douée pour recevoir et l'Univers le sait.

Tout est question d'énergie. Il doit y avoir un donneur et un receveur.

Avez-vous remarqué que les riches sont toujours plus riches et les pauvres plus pauvres?

Les riches ont simplement appris à recevoir et ils le font avec joie. Si vous n'êtes pas prêt à recevoir ce que l'Univers désire vous offrir, votre part ira à quelqu'un d'autre. Probablement à quelqu'un qui aura appris à recevoir. Ne dites pas que cela est injuste. La Loi de l'Attraction est infaillible. Elle livre ce que vous attirez dans votre vie.

Recevez avec reconnaissance et vous deviendrez comme les gens riches qui reçoivent en abondance.

La plupart des gens ne se penchent pas pour ramasser une pièce de monnaie qui traîne dans la rue. Moi, je la ramasse et je suis si contente! Je suis persuadée que c'est l'Univers qui m'envoie un message pour me dire que de plus grandes sommes sont en route... Je dois toutefois accepter, apprécier et être reconnaissante pour toutes les petites choses afin que l'Univers comprenne que je suis prête à recevoir.

Il m'est arrivé de voir une amie jeter ses pièces de monnaie à la poubelle, lorsqu'elle faisait le ménage de ses tiroirs. Pour elle, ce n'était que de la petite monnaie. Quel message pensez-vous qu'elle envoie à l'Univers? Comme vous pouvez vous en douter, je les ai récupérées. Je lui ai aussi mentionné que j'étais disposée à être son contenant à petite monnaie qu'elle voulait jeter.

Aussi, soyez vigilant car vous pourriez recevoir de bonnes choses dans votre vie, mais présentées d'une couleur différente ou de façon différente à laquelle vous vous attendiez. Acceptez ce qui vous est offert avec reconnaissance. Vous pourriez en recevoir encore beaucoup plus.

Vous devez devenir un excellent receveur et un merveilleux donneur.

Tout s'équilibre dans la vie!

☯ Actions recommandées

Soyez réceptif aux cadeaux de l'Univers.
L'équilibre Donner/Recevoir est requis.

Chapitre 19

Les images de mes rêves

*U*ne image vaut mille mots et développe des émotions créatrices.

Je me souviens lorsque j'étais petite, j'aimais feuilleter les catalogues, les magazines et les journaux pour choisir mon futur cadeau de Noël. Je découpais ensuite avec mes petits ciseaux, la photo de la poupée ou des accessoires de bricolage que je voulais comme cadeau. Je pouvais ainsi passer ma commande de Noël à mes parents. Je leur montrais la photo pour être certaine de recevoir exactement ce que j'avais demandé. Parfois c'était différent, mais c'était toujours mieux que ce que j'avais demandé.

J'ai compris que l'Univers est comme un bon parent pour moi. Je peux demander ce que je désire. Alors, je lui présente des images. C'est tellement facile maintenant avec Internet. Quel merveilleux choix d'images nous avons.

J'aime créer un **tableau de visualisation de rêves**. J'en ai installé un devant mon bureau. Je le vois dès que je relève la tête. J'y mets toutes sortes de choses. Je me fais aussi des petits montages photos.

Par exemple, lorsque je veux vendre quelque chose telle une auto, je prends une photo de cette voiture et j'y mets par-dessus une mention: "*Vendu*". Aussi, si je désire remplacer cette voiture par un autre véhicule, je découpe les photos du véhicule désiré et je les affiche sur mon babillard en écrivant : "*C'est à moi!* ".

Lorsque j'ai obtenu la réalisation d'un désir que j'ai représenté par une image, je retire la photo de mon babillard et je la range dans ma boîte de "*Désirs accomplis*". C'est tellement rafraîchissant et énergisant de fouiller dans cette boîte et de pouvoir réaliser que toutes ces images sont des choses ou des situations que j'ai attirées dans ma vie.

LES IMAGES PERMETTENT DE NOURRIR VOS DÉSIRS.

Comme l'enfant qui sommeille en moi aime bien les images et que nous sommes maintenant à l'ère de la technologie, j'utilise aussi maintenant un logiciel qui défile les images en vidéo de ce que je désire. J'y ajoute mes affirmations et de la musique stimulante. Je démarre cette vidéo aussi souvent que je le peux et je laisse mon subconscient enregistrer le tout. Parfois, je danse au rythme de la musique et je lance mes affirmations à voix haute à l'Univers.

Je vous propose d'essayer d'utiliser les images de vos désirs de façon constante. Voici des exemples :

126

- Vous pouvez les afficher dans des endroits où vous pourrez les voir souvent.

- Vous pouvez également vous faire un "cahier de désirs". C'est tellement amusant à créer. Vous n'avez qu'à vous procurer un cahier, n'importe quel format ou type de cahier. Insérez-y vos photos, vos images, avec de belles lettres, des collants et des affirmations.

- Essayez d'offrir en cadeau, un "cahier de désirs" joliment décoré. La personne qui le recevra sera inspirée à le garnir.

- Je vous suggère aussi de vous procurer un babillard que vous pourrez habiller d'images.

- Si vous désirez voyager, procurez-vous une carte et identifiez avec des points colorés ou de flèches tous les endroits où vous désirez aller.

- Faites–en un projet de famille ou de groupe et laissez chacun ajouter ses images au tableau de visualisation de rêves du groupe. C'est stimulant et en sachant ce que l'autre désire, l'on pourra peut-être aussi contribuer à aider cette personne à réaliser son désir.

Il suffit tout simplement de rendre cela agréable, à votre façon. C'est un moyen amusant de donner les messages de vos désirs à votre subconscient et à l'Univers. Cela permet également de définir clairement ce que vous désirez (la couleur et tous les détails).

☯ Actions recommandées

Utilisez les images de vos désirs afin de vous stimuler et envoyez des messages clairs à l'Univers.

Chapitre 20

Pourquoi l'abondance?

La vie est abondance! C'est une réalité que l'on peut choisir de voir.

Regardez autour de vous... L'air est en abondance. Les feuilles dans les arbres, la végétation, les grains de sable, les gouttes d'eau provenant de la pluie ou de la mer, les oiseaux, la neige..., tout est en abondance. Je pourrais continuer à énumérer l'abondance pour en faire un livre. Il y en a partout autour de nous.

Toute cette abondance vous est offerte par l'Univers. Tout a été créé pour notre plus grand bien et pour notre plaisir. Nous pouvons en être tellement reconnaissants.

La Loi de la Dualité précise que tout est double. Voici des exemples:

- chaud   froid
- haut   bas
- jour   nuit
- riche   pauvre
- santé   maladie

Nous avons le choix de percevoir le monde à notre façon. C'est souvent le résultat de notre conditionnement depuis notre enfance. Le verre d'eau peut être à moitié vide ou à moitié plein.

Il en est de même pour l'abondance ou le manque. Tout n'est que perception. Tout n'a que le sens qu'on lui donne.

L'UNIVERS NOUS OFFRE TOUT EN ABONDANCE. REGARDEZ DANS LA NATURE...

Plusieurs se refusent l'abondance à plusieurs niveaux : santé, amour, argent, réussite, joie, etc... Parfois cela est fait inconsciemment.

"*Pourquoi tendre vers l'abondance*" pensent-ils? Je vais tenter de répondre à cette question à ma façon.

Pour ma part, je désire l'abondance à tous les niveaux simplement parce que je suis une créature de l'Univers et que nous avons été créés pour vivre dans l'abondance, comme toutes les créatures de la nature.

Je désire la santé pour vivre ma vie pleinement en éprouvant de merveilleuses expériences à travers tous mes sens.

Je désire être entourée d'amour parce que c'est ce à quoi toute personne aspire et que la vie est si belle lorsqu'on évolue dans l'amour.

Je désire l'abondance financière afin d'être en position de vivre ma vie idéale et d'aider les autres à en faire autant. Certains diront que l'argent n'apporte pas le bonheur. Toutefois, je suis persuadée que cela contribue à vivre selon notre plein potentiel. Et si j'ai la chance de pouvoir générer beaucoup d'argent, je veux le faire afin d'aider les autres qui n'ont pas la possibilité de le faire. Cela permet de créer un monde meilleur.

L'argent est un véhicule qui permet de démontrer notre gratitude à l'Univers et nous permet aussi d'en faire bénéficier les autres.

Vous pouvez trouver vos propres raisons d'accéder à l'abondance. Si elles vous motivent et qu'elles sont en harmonie avec l'Univers, vous êtes sur la bonne voie. Alors mettez ceci par écrit pendant que votre inspiration vous guide. Lorsque vous clarifiez les raisons pour lesquelles vous désirez tendre vers l'abondance, vous y mettez de l'émotion et cela déploie l'énergie créatrice requise pour propulser votre désir dans votre réalité.

☯ Actions recommandées

Trouvez vos raisons personnelles qui vous motivent pour accéder à l'abondance, l'amour, la santé, la richesse, la liberté ou tout autre aspiration.

Chapitre 21

Jouez "À faire comme si..."

*C*réez votre futur en agissant comme si c'était déjà réalisé.

Dans le récit de mon histoire de Kaïla qui était malade, j'ai utilisé cette technique très puissante. Avec Vanessa, sa grande sœur, nous inventions notre monde imaginaire en faisant comme si Kaïla marchait, chantait et s'amusait normalement avec nous. C'était si facile de faire comme si…

Si vous désirez "Faire comme si…", impliquez les enfants. Pour eux, c'est tellement facile à faire. Ils débordent d'imagination. C'est un jeu qu'ils adorent!

LES ENFANTS ADORENT JOUER À "FAIRE COMME SI...". INSPIREZ-VOUS DE CETTE SPONTANÉITÉ.

Vous pouvez également motiver votre entourage à embarquer dans votre scénario à faire comme si…

Certaines personnes organisent même des soirées thématiques sur des sujets très motivants où chacun peut jouer le rôle d'un personnage qu'il aspire à devenir. Le thème peut, par exemple, être: "Qui serais-je dans cinq ans?". Tous les invités ont la consigne de se vêtir et de se comporter tels qu'ils aspirent à être. Ils doivent également embarquer dans le jeu des autres participants. Chacun doit contribuer à faire ressentir à l'autre qu'il croit et appuie son rêve.

Si vous désirez par exemple devenir une vedette de cinéma, vous pouvez lors de cette soirée tenir uniquement des propos sur votre dernier film qui bat tous les records. Vous discutez des scènes et des autres célébrités avec qui vous partagez le succès. Vous pouvez revêtir des vêtements excentriques et des bijoux à profusion (les bijoux de plastique conviennent parfaitement pour un déguisement). Tout est dans le jeu de rôle.

De telles soirées ou activités qui favorisent l'imagination à travers votre rôle, permettent de dégager des émotions très créatrices. Cette énergie pourra vous habiter encore longtemps et agir comme un aimant pour attirer à vous votre désir.

Voici donc la huitième étape du processus que je vous propose :

Processus de Création "Touch of Nature"

ÉTAPE 8:
Faire "comme si" votre intention est réalisée.

Essayez de vous mettre dans cet état de bien-être comme vous le seriez si votre désir était accompli. C'est magique et c'est amusant.

Cela vous oblige à vraiment ressentir ce que vous prévoyez ressentir. C'est très stimulant de savoir que l'on peut rendre notre scénario le plus beau et parfait possible tel qu'on le souhaite...

Lorsque vous admirez la nature, vous vous amusez constamment "à faire comme si...". Et vous appréciez ces moments. Vous projetez les éléments vers le futur.

Prenons des exemples :

- Lorsque les premiers bourgeons des fleurs révèlent leur présence, vous pensez intuitivement. *"Ça va être tellement beau lorsque les fleurs vont éclore. Je respire déjà leur parfum"*. Vous appréciez déjà la beauté des fleurs à venir. Vous faites "comme si" les fleurs étaient déjà écloses.

- Lorsque les averses de pluie cessent et qu'un arc-en-ciel se pointe à l'horizon, vous anticipez déjà votre prochaine activité et vous vous préparez à profiter du soleil. Même si le ciel n'est pas encore éclairci, vous faites "comme si" le soleil était déjà présent.

- Lorsqu'un jeune bébé commence à ramper sur le sol, vous vous préparez déjà pour ses premiers pas. Vous l'aidez à se mettre debout, vous lui achetez des chaussures. Vous faites "comme si" il marchait déjà.

De tels exemples abondent dans la nature. Remarquez que vous ne doutez jamais de ce que vous désirez voir arriver. Vous avez confiance en l'Univers. Vous ne dites pas :

- Est-ce que les fleurs peuvent éclore?

- Est-ce que le soleil va briller de nouveau?

- Est-ce que cet enfant pourra marcher?

Vous devez vous mettre dans ce même état pour vous attirer ce que vous désirez. Faire "comme si" cela était déjà votre réalité.

☯ Actions recommandées

Trouvez des opportunités pour embellir
votre scénario de vie future
en jouant "À faire comme si..."
et en vous amusant à le faire.
Appréciez le plaisir de ces expériences.

Chapitre 22

L'amour fait des miracles.

*E*nvoyez de l'amour et votre vie se transformera par magie.

Plus que tout, **aimez-vous vous-même**. Ressentez un amour profond pour vous-même. Vous devez vous aimer pour attirer l'abondance dans votre vie.

Avez-vous déjà remarqué que lorsque vous êtes en amour, tout votre monde semble tellement beau? Vous avez de l'énergie et vous avez l'impression de pouvoir réaliser ce qui vous semblait impossible. C'est une énergie si puissante.

Rappelez-vous un moment où vous avez senti votre cœur chanter, vibrer d'amour. Peut-être est-ce pour la personne qui partage votre vie, ou bien pour vos enfants, votre famille ou votre animal préféré. Pour ma part, j'aime me rappeler quand je tenais une de mes filles dans mes bras alors qu'elle était toute petite. Je regardais mon enfant et mon cœur était rempli d'amour. Je ressentais ceci pour chacune de mes merveilleuses filles. J'étais tellement comblée d'amour que je transmettais cet amour à mon enfant ainsi qu'à mon entourage.

J'aime me mettre dans cet état où mon cœur est inondé d'amour et j'envoie cet amour à tout le monde en disant dans ma tête, *"Je t'aime, je t'aime, je t'aime"*. C'est parfois tellement fort que des frissons parcourent mon corps. Chacun ressent les diverses émotions à sa façon. Nous sommes tous différents.

Je transmets également cet amour puissant à ceux que je qualifie de "défis" dans ma vie. Effectivement, c'est en souhaitant ce qu'il a de meilleur à tous (même aux personnes qui sont vos messagers de défis) que l'on s'attire ce qu'il y a de meilleur dans notre vie.

Aimez et bénissez vos "défis" car ceci dissout toute négativité.

L'AMOUR ET LES BÉNÉDICTIONS QUE VOUS ENVOYEZ VOUS REVIENDRONT TOUJOURS MULTIPLIÉS.

Si vous méprisez et souhaitez de mauvaises choses à ces messagers qui vous apportent des défis dans votre vie, c'est ce que vous allez attirer dans votre propre vie.

Le matin, j'aime faire cette petite prière en envoyant de l'amour comme un vent léger tout autour de la Terre (en imagination bien sûr):

"Je souhaite pour tous les hommes (incluant femmes et enfants) paix, amour, abondance, bonheur, santé, prospérité, joie, liberté ainsi que toutes les bénédictions de Dieu".

L'auteur Joe Vitale propose dans son livre "Zéro limite", une méthode appelée Ho'oponopono venant du Dr Hew Len de Hawaï. Le Dr Len a guéri avec cette méthode tous les patients psychiatriques d'un centre pénitencier sans jamais avoir suivi ni même rencontré aucun des patients.

Cette méthode est basée sur l'amour et permet de libérer notre corps, notre âme ou notre esprit, de tout problème. Elle se résume en quatre phrases que vous répétez de façon successive, à voix haute ou dans votre tête :

Ces phrases sont:

"Je t'aime"
"Je suis désolé"
"Pardonne-moi s'il te plaît"
"Merci"

La méthode Ho'oponopono consiste à prendre et à assumer l'entière responsabilité de notre vie. Elle stipule que nous créons notre vie, donc nous ne sommes plus des victimes. Nous entrons ainsi dans un état d'amour et d'acceptation.

Quand un problème surgit, nous avons l'habitude d'accuser quelqu'un ou quelque chose. Nous cherchons à l'extérieur de nous l'origine du problème. Ce qui se présente dans notre monde extérieur ne peut exister que s'il est conçu en pensée dans notre esprit, dans notre monde intérieur. Puisque nous sommes tous inter-reliés entre nous, lorsqu'une personne règle une situation indésirable avec la méthode Ho'oponopono, son entourage en bénéficie.

Nous devons accepter ce qui fait partie du problème ou qui y est relié de près ou de loin, pour commencer à guérir le problème qui réside en nous. En nettoyant le problème en nous, on modifie les circonstances extérieures. À travers ces phrases de la méthode Ho'oponopono, vous demandez à l'Univers de nettoyer et de purifier l'origine des problèmes qui sont des mémoires ou des souvenirs. Pas besoin de revivre aucune souffrance ou de savoir l'origine du problème.

Si vous n'êtes pas à l'aise avec toutes ces phrases, vous pouvez dire uniquement celles que vous désirez. Simplement en répétant continuellement *"Je t'aime"*, vous obtiendrez des résultats remarquables. Essayez de répéter cette phrase dans votre tête toute une journée.

Vous serez ébloui. Je ne dis pas que c'est facile à faire, mais si vous le faites souvent, vous en prendrez vite l'habitude. Vous vous sentirez bien, puisque votre esprit sera occupé avec des pensées d'amour. Vous verrez, vous allez vibrer de façon vraiment positive et vous vous attirerez assurément du positif.

Imaginez un instant, un monde où tout le monde enverrait de l'amour à tout le monde et à toute chose. Quel monde merveilleux ce serait....

L'AMOUR
EST L'ÉNERGIE CRÉATRICE
LA PLUS PUISSANTE.

Nous avons donc tous avantage à ressentir et à dégager le plus d'amour possible pour tout ce qui nous entoure.

Plus nous vibrons d'amour, plus nous attirons rapidement dans nos vies, ce que nous désirons. Avec l'amour, nous sommes sur la fréquence la plus créatrice. L'amour est, en quelque sorte, la baguette magique qui matérialise tous vos désirs. J'adore savoir que j'ai la capacité de manier cette baguette magique. Nous avons tous ce privilège au fond de nous et il vient de notre coeur.

☯ Actions recommandées

Apprenez à vous mettre dans un
état où vous vibrez d'amour.
Répétez *"Je t'aime"* jusqu'à ce que cela
devienne une habitude.
Vous deviendrez un aimant d'amour.

Chapitre 23

Nos croyances limitatives

*V*os croyances actuelles ont créé votre vie actuelle.

Afin de réussir ou de passer à un niveau supérieur de réussite, vous devez modifier certaines de vos croyances actuelles qui limitent votre niveau de réalisation. Pour changer votre réalité, vous devez changer vos pensées.

Nous avons tous un **plan de réussite** différent. C'est ce **plan de réussite** qui est responsable de votre vie actuelle. Vous n'avez qu'à modifier votre **plan de réussite** pour modifier votre vie. C'est justement ce que je vais vous permettre de faire. Nous allons utiliser des méthodes éprouvées que les gens qui excellent, appliquent dans leur vie.

**VOTRE PLAN ACTUEL DE RÉUSSITE
VOUS A DONNÉ
VOS RÉSULTATS ACTUELS.
MODIFIEZ-LE ET VOUS MODIFIEREZ
VOS RÉSULTATS
ET VOTRE VIE.**

Pour débuter, vous devez faire un examen de conscience sérieux lorsque vous désirez changer votre vie et vos résultats. Pour ma part, lorsque j'ai fait des examens de conscience, j'ai réalisé ce que je désirais, mais cela a souvent fait ressortir des émotions. Surtout la peur de ne pas réussir. Quand j'étais dans cette spirale d'émotions négatives, je finissais par ne plus croire que le changement était possible pour moi. Mais j'ai utilisé certains petits trucs que je partage avec vous et que vous pourrez utiliser vous aussi. Vous verrez, ça change une vie !

Pendant votre parcours vers l'abondance, vous devrez modifier certaines de vos croyances limitatives afin de modifier votre réalité. Afin de réaliser ces changements, je vous propose une méthode très simple. Pour réaliser cet exercice, je vous suggère d'utiliser deux stylos ou crayons de différentes couleurs. Une couleur foncée (bleu ou noir) sera utilisée pour noter les éléments associés aux items 1 à 3. La couleur rouge est réservée pour l'élément positif, l'item 4. La couleur rouge rehausse et met en évidence votre désir:

1. **Prise de conscience**: Analysez ce que vous avez entendu dire, ce que vous avez vu ou ce que vous avez expérimenté au sujet de l'abondance, la santé, l'amour, le succès ou l'argent depuis votre enfance. Notez vos observations. Ceci pourrait réveiller des émotions en vous.

2. **La compréhension**: Réfléchissez à l'incidence que ceci a eu sur votre vie. Qu'est-ce que cette ou ces croyances ont

apporté ou matérialisé dans votre vie? Écrivez tout ce qui vous vient à l'esprit.

3. **La dissociation**: Comprenez que certaines de ces croyances ne sont pas vraiment des croyances auxquelles vous désirez adhérer. Ces croyances limitatives ont peut-être créé dans votre vie tout à fait l'opposé de ce que vous avez désiré. Maintenant, vous avez le choix de croire et penser d'une nouvelle façon plus positive. Rejetez ces croyances que vous ne désirez plus.

4. **Votre nouvelle croyance:** Avec votre stylo rouge, définissez maintenant une nouvelle affirmation qui contribuera au développement de votre plein potentiel. Vous pouvez écrire une nouvelle affirmation pour chaque croyance négative que vous avez. Notez bien tout ce qui vous vient en tête. Dès que vous avez noté votre nouvelle croyance positive à l'encre rouge, reprenez votre crayon à encre foncé et rayez votre croyance négative que vous avez noté au début de l'exercice.

5. **Ancrer ces nouvelles croyances dans votre conscience par la répétition.** Dites-les, écoutez-les, chantez-les et, surtout, croyez-y de tout votre être. Plusieurs outils d'ancrage de nouvelles croyances sont disponibles. Par exemple, lorsque vous voulez ancrer

votre nouvelle croyance, vous pouvez écouter la même musique pendant que vous affirmez avec conviction votre nouvelle affirmation. Vous pouvez également associer cette nouvelle affirmation à une odeur (ex : café, fleur…). Vous associerez ensuite automatiquement cette musique ou cette odeur à votre nouvelle croyance. Plusieurs autres techniques sont également disponibles. Toutefois, je ne peux en couvrir plusieurs dans ce manuel.

Dès que votre croyance limitative est remplacée par une croyance plus constructive, votre réalité se transforme très rapidement.

Par exemple, voici des croyances négatives que j'ai remplacées par des croyances beaucoup plus positives. Vous pouvez créer votre propre liste.

1. Négative :   Je dois travailler fort pour faire de l'argent.
   Positive :   En vivant une vie équilibrée, j'attire facilement l'abondance et l'argent.

2. Négative : On ne vit pas de ses passions.

   Positive : Je fais ce que j'aime et ce qui me passionne et l'Univers pourvoit toujours à mes besoins et même plus.

3. Négative : Il est normal de prendre du poids en vieillissant.

   Positive : Avec mes choix santé, je maintiens mon poids.

La nature est toujours en évolution. Lorsqu'une graine tombe au sol, elle ne s'interroge pas pour savoir si l'environnement possède tous les nutriments pour sa croissance. Elle prend racine et grandit comme elle peut le faire en dépendant de son environnement. Dans l'ensemble, tous les éléments de la nature s'harmonisent. L'Univers est abondant et nous avons tous accès à cette abondance. Il importe d'éviter de se restreindre avec nos croyances limitatives.

Vous pouvez avoir, être et faire ce que vous désirez.

☯ Actions recommandées

Toute croyance limitative peut être remplacée par une croyance constructive et de l'amour. Modifiez vos croyances négatives et expérimentez une réalité plus bénéfique.

Chapitre 24

Que puis-je faire pour vous ?

*C*ontribuez au succès des autres et vous réaliserez votre propre succès.

L'Univers est sensible à l'énergie que vous dégagez. À trop vouloir quelque chose ou dire que vous en avez besoin ou à vous mettre dans cet état de besoin, il arrive que votre énergie finit par repousser votre désir, plutôt que de l'attirer.

Afin de vous réaligner et de neutraliser cette énergie, vous pouvez mettre votre attention sur un autre sujet.

Essayez de développer votre habitude à aider les autres à réussir ou de vous réjouir de leur victoire. En aidant votre prochain, vous libérez une énergie puissante. Aussi, comme vous attirez ce que vous libérez, l'Univers mettra tout en œuvre pour vous aider en retour dans l'atteinte de vos désirs.

Dans notre société axée sur la performance et la compétition, c'est chacun pour soi. Cette mentalité vient du fait que les gens ont la croyance populaire qu'il n'y a pas assez de clients, de contrats, de nourriture, de médecins, d'argent ou autres pour tous. Alors, chacun essaie d'attirer vers soi le plus de clients, de contrats, de nourriture, de médecins ou d'argent...

L'UNIVERS VOUS RÉCOMPENSE EN FONCTION DE L'AIDE QUE VOUS APPORTEZ AU PLUS GRAND NOMBRE DE PERSONNES.

Comme je l'ai déjà expliqué, l'Univers est abondant. C'est avec nos croyances limitatives que nous attirons tout de façon limitée, car c'est notre pensée qui dégage l'énergie de limitation.

Offrez votre aide à quelqu'un. Demandez "*Que puis-je faire pour vous?* ". Parfois, quelqu'un a besoin d'un conseil, d'une oreille attentive, d'un petit service, du nom de quelqu'un que vous pouvez lui référer…

Les gens que vous aidez sont habituellement très reconnaissants. De votre côté, vous vous sentez bien et votre énergie permet d'attirer encore plus d'évènements créatifs dans votre vie. N'est-ce pas valorisant?

Alors que j'étais petite, nous habitions à une certaine période, à proximité d'une ferme. Comme sur la plupart des terres agricoles, il y avait un chien adorable de couleur noir et blanc. Ce chien allait chercher les vaches au pré pour les ramener à l'étable. Il était tellement intelligent. Un jour, un jeune veau s'était blessé. Il avait saigné toute la nuit. Le chien était resté à ses côtés pour le protéger et le soulager. Au petit matin, lorsque les secours arrivèrent, il ne voulait pas quitter le veau. C'est fascinant comme les animaux ont cet instinct de protection des plus faibles. Tout se fait intuitivement. Un chien vivant une relation harmonieuse avec son maître, donnera sa vie pour le protéger.

Nous aussi, nous sommes dotés de merveilleux instincts, avec en prime, une intelligence et des émotions multiples. Avec tous ces atouts, nous pouvons trouver une diversité de moyens d'aider notre prochain.

J'aime croire que les animaux sont de merveilleux messagers qui nous enseignent par l'exemple.

Une des clés du succès est le **service**.

Nous avons tous des talents, des connaissances, des contacts ou des outils qui peuvent être offerts aux gens. Nous sommes tous uniques et nous pouvons partager notre authenticité.

Vous aimez bien être aidé, alors c'est pareil pour les autres. Aidez aussi souvent que vous le pouvez.

☯ Actions recommandées

Essayez d'aider le plus de gens possible
et l'Univers, en retour,
vous aidera à réaliser vos désirs.

Chapitre 25

L'action est requise.

$\mathcal{P}$renez action pour activer la Loi de l'Attraction.

Pour avoir une récolte abondante de tomates, vous devez initialement mettre des semis en terre. Sans cette première action, vous ne récolterez jamais de tomates.

Pour vous assurer d'une récolte de qualité, vous pouvez également prendre plusieurs actions telles: arroser au besoin, mettre de l'engrais, enlever les mauvaises herbes…

**VOUS AUREZ LES RÉSULTATS
SELON LES
CHOIX QUE VOUS FAITES
ET LES ACTIONS
QUE VOUS PRENEZ.**

Trop de gens passent une grande partie de leur précieux temps à regarder la télé. Certaines émissions peuvent être très enrichissantes et intéressantes. Toutefois, ces longues heures d'inertie à laisser votre cerveau capter de l'information qui n'est pas toujours créatrice, pourraient être utilisées pour créer votre vie de rêve.

Il est inquiétant de voir toute cette population qui regarde de façon très assidue les émissions hebdomadaires. Ils regardent les autres vivre leur vie... C'est à vous de décider maintenant le futur que vous désirez. Cessez de regarder les autres vivre la vie dont vous rêvez et créez votre propre réalité en vivant votre vie au maximum.

Chaque jour qui passe ne reviendra plus. Vous devez profiter de votre vie maintenant! Ne perdez pas tous ces moments précieux que vous ne reverrez pas. Vous avez tant à offrir au monde. Chacun de nous est unique et possède des trésors qui méritent d'être partagés avec le monde.

Voici la neuvième étape du processus que je vous propose:

Processus de Création "Touch of Nature"

ÉTAPE 9:
Prendre action pour réaliser
votre intention (désir).

Dès que vous avez une inspiration pour faire quelque chose, faites-le. N'attendez pas que votre énergie se dissipe. Lorsque vous avez une inspiration, l'énergie pour la réaliser vient toujours avec. Profitez de cette énergie stimulante.

Vous n'avez pas besoin de voir à l'avance toute la route que vous devrez parcourir pour atteindre votre désir. Faites confiance à l'Univers. Les actions que vous devrez poser vous seront révélées de façon successive.

C'est comme sur une route dont vous ne voyez pas votre destination. La route se révèle à mesure que vous avancez. Vous avez confiance que même si vous ne voyez pas la fin, vous y arriverez en suivant la route.

C'est la même chose pour vos rêves et vos désirs. Vos actions vous rapprochent de votre but. Soyez confiant.

Parfois, l'Univers pourra tarder à réaliser votre désir. Cela dépend toujours du moment où vous êtes prêt à recevoir. Vous croyez parfois être prêt, mais l'Univers peut choisir, pour votre plus grand bien, de faire tarder la réalisation. L'Univers peut même présenter votre désir dans une autre forme ou couleur qui diffère de ce que vous vouliez.

Certaines fois, une seule action est requise et l'Univers vous livre ce que vous désirez. Toutefois, il y aura des situations où vous devrez prendre des actions constantes. Lorsque vous poserez des actions et démontrerez votre volonté d'atteindre votre objectif, l'Univers fera sa grande part. Il organisera et synchronisera les évènements et les rencontres pour favoriser votre réalisation.

L'Univers est tout-puissant et vous aime!

Démontrez à l'Univers, par des actions, votre volonté d'avoir, de faire et d'être ce que vous désirez et l'Univers vous secondera!

☯ Actions recommandées

Prenez l'habitude de passer à l'action.
Faites toujours des pas en
direction de vos rêves.

Chapitre 26

Pensées en spirale positive

*U*ne spirale positive agit comme un ouragan sur le négatif.

Je vous révèle un mode de pensée que j'ai appris dans le livre de Mindy Audlin : "What if it all goes right?" (Et si tout se passait bien). C'est un de mes petits trucs que j'applique dans ma vie.

Nous avons l'habitude, lorsque nous vivons une situation incertaine, de s'imaginer le pire. Avez-vous déjà fait cela? C'est ainsi que la société fonctionne et nous avons appris ainsi. Notre mode de penser nous est imprégné depuis notre plus tendre enfance, alors il est normal que nous soyons conditionnés de cette façon. Mais cette façon de penser est-elle vraiment à notre avantage?

Prenons un exemple :

1. Mes voisins ont une vilaine grippe et j'ai entendu au bulletin de nouvelles que les cas de grippe étaient à la hausse.

Voici donc la façon de penser habituelle, la **pensée en spirale négative** :

- Et si les enfants des voisins ont déjà le virus, ils vont certainement le donner à nos enfants...

- Et si nos enfants attrapent cette grippe, il est évident que toute la famille sera contaminée en un rien de temps...

- Et si, avant que les symptômes visibles n'apparaissent, nous contaminions aussi les gens au bureau...

- Et si ceux-ci à leur tour contaminaient leurs familles...

- Et si les cas étaient si nombreux, que les hôpitaux n'auraient pas les effectifs pour nous soigner...

- Et si, c'était comme la dernière vilaine grippe qui a fait mourir tant de gens…

- Et si, et si, et si….

Reconnaissez-vous des propos que vous entendez? Que pensez-vous que de telles pensées attirent? Sans nul doute, ces pensées attirent la grippe!

Cette forme de pensée en spirale négative arrive habituellement lorsque vous pensez à quelque chose qui ne vous plaît pas. Plus vous y pensez plus cela vous apparaît pire. Ces pensées négatives peuvent s'appliquer à une situation existante, à quelque chose qui vous effraie, que vous évitez ou que vous croyez qui pourrait arriver dans votre vie. Cette pensée présumée du futur en attire une autre qui est également inventée mais qui n'est habituellement basée sur aucun évènement. Chacune de ces pensées amplifie la version négative du scénario qui est pure invention. C'est une forme de pensée très puissante. Mais comme vous avez pu le remarquer, elle n'est pas du tout positive. En s'imaginant le pire avec les mots : "*Et si...*", on ouvre la porte à une infinité de scénarios, tous plus paralysants les uns que les autres.

Cette façon de penser n'attire rien de positif dans votre vie. Les médias utilisent beaucoup cette forme de publicité pour attirer l'attention du public. Et comme plusieurs personnes adhèrent à cette façon de penser, c'est exactement ce que la grande majorité de gens attirent.

Maintenant, basculons vers le côté positif, la **pensée en spirale positive**. Utilisons le même exemple.

2. Mes voisins ont une vilaine grippe et j'ai entendu au bulletin d'informations que les cas de grippe étaient à la hausse.

Voici donc la **pensée en spirale positive**, une nouvelle façon de voir les choses:

- Et si cette grippe pouvait enfin leur permettre de prendre du temps pour relaxer un peu...

- Et si le fait de relaxer, cela les rapprochait les uns des autres...

- Et si cette période calme était justement ce dont ils avaient besoin pour lire le livre inspirant que nous leur avons offert à Noël...

- Et si nos voisins réalisaient qu'ils peuvent enfin prendre plus de temps pour faire ce qu'ils veulent et aiment dans la vie...

- Et si c'était le moment idéal pour eux, pour faire les changements désirés depuis longtemps...

- Et si cette grippe était le début d'une période de changements positifs dans leur vie...

Cette version de la situation est complètement différente et tellement plus énergisante. Pour chaque épreuve, nous pouvons toujours trouver des côtés positifs.

Cette forme de **pensée en spirale positive** est constituée d'une première pensée positive qui en attire une autre. On s'imagine le meilleur scénario dans une situation donnée et on continue à l'embellir. On poursuit ainsi en embellissant le scénario. C'est une forme de pensée très puissante.

**EN S'IMAGINANT CE QUI POURRAIT ÊTRE LE
MIEUX DANS TOUTE SITUATION,
ON OUVRE LA PORTE À UN
NOMBRE INFINI DE SCÉNARIOS,
TOUS PLUS ÉNERGISANTS
LES UNS QUE LES AUTRES.**

Pour penser de façon constructive et en faire une habitude, vous devez vous motiver. Au début, c'est plus difficile parce que la société n'est pas conditionnée pour réfléchir ainsi. Plus vous vous pratiquez, plus vous créez des situations positives. Avec cette façon de penser, vous émettez des vibrations très positives et c'est ce que vous allez attirer.

☯ Actions recommandées

Pratiquez la pensée en spirale positive.
Créez vos propres scénarios énergisants.
Développez cette façon de penser et
regardez votre vie se transformer.

Chapitre 27

Le pouvoir du détachement

*C*élébrez votre liberté. Déliez vos liens…

La vie et la nature sont remplies d'exemples d'amour et de détachement. Nous-mêmes en tant qu'humains, avons des enfants en sachant bien que nous devons les laisser grandir, faire leurs expériences et leurs choix. Nous ne pouvons les garder contre nous, même si nous les aimons tant. Il faut les laisser voler de leurs propres ailes.

Lorsqu'il n'y a pas de détachement, l'énergie est paralysante.

Dès que vous comprenez que vous êtes aimé, que l'Univers est bienveillant et qu'il est toujours là pour vous appuyer, vous n'éprouvez pas le besoin de retenir les gens, les choses ou les expériences.

En étant fortement accroché à une situation néfaste, nos pouvoirs sont limités. Nous nous coupons de nos pouvoirs innés de créateur. Faites confiance à l'Univers.

Vous pouvez exprimer ce que vous ressentez, sans blesser personne. Faites preuve de diplomatie. Soyez aussi prévenant avec les autres que vous aimeriez que les autres le soient avec vous.

Prenez du recul vis-à-vis de votre situation stagnante. Laissez votre esprit et votre corps se reposer. Votre cerveau retrouvera ses pouvoirs créateurs. Gardez votre focus sur les solutions. Demandez l'assistance de l'Univers.

Afin de vivre en harmonie, nous devons accepter les différences. Une grande partie de nos déceptions sont causées par nos attentes. Nous ne pouvons pas tout contrôler.

Laissez la joie et le bonheur dont vous rêvez guider vos pensées et vos actions.

Trop de gens s'accrochent très fortement à un procès, une rupture, un échec, un décès ou tout autre évènement perturbant. Ils en parlent et des émotions négatives sont constamment dégagées de leurs propos. Ils n'en sont pas conscients, mais ils se créent eux-mêmes des boulets aux pieds qui les immobilisent. De telles énergies sont très néfastes pour la santé et pour leurs expériences à venir. Dans de telles conditions, ils doivent lâcher prise afin de libérer d'anciennes croyances et réaliser que ces vieilles croyances ne les servent plus.

Remettez vos inquiétudes, vos peurs, vos limitations dans les mains de l'Univers et concentrez-vous sur ce qui vous fait du bien. Libérez l'énergie négative qui vous habite.

Voici la dixième étape du processus que je vous propose:

Processus de Création "Touch of Nature"

ÉTAPE 10:
Se détacher des résultats,
lâcher prise.

Dans mon récit de l'histoire de ma fille Kaïla qui était malade, au moment où j'ai confié mon enfant à Ste-Anne, je ne réalisais pas à l'époque que j'activais les pouvoirs du détachement. Je n'ai compris cela que plus tard en prenant du recul de cette situation. Sans en être consciente, j'ai envoyé un message à l'Univers que j'avais foi en lui et que je croyais que ses pouvoirs pouvaient me réconforter ou apaiser ma souffrance.

L'Univers a livré bien plus que mes attentes. Il m'a donné une force si énergisante et m'a réconfortée dans cette lumière bienveillante. L'Univers a également comblé tous mes rêves en guérissant ma petite Kaïla. J'ai réalisé que le détachement est tellement puissant et que pour l'Univers rien n'est impossible.

Je souhaite sincèrement à chacun d'entre vous de vivre une telle bénédiction.

☯ Actions recommandées

Laissez aller, faites preuve de détachement.
L'Univers livrera ce qu'il y a de
meilleur pour vous.

Chapitre 28

Faire de la place

L'Univers déteste le vide. Il comble les espaces vides.

Afin d'attirer du positif dans votre vie, vous devez faire de la place pour laisser tout ce que vous désirez venir à vous!

Avez-vous remarqué comme l'Univers est capable de combler chaque espace de terre fertile avec de la végétation? Il comble les espaces marins, terrestres et aériens de créatures adaptées, toutes plus belles les unes que les autres.

L'Univers crée constamment. Il donne des idées à un esprit calme et disposé à recevoir. Il sait exactement comment combler chaque espace libre.

Faites du ménage. On se sent tellement bien dans un bureau ou une maison bien rangée. Il en va de même pour votre corps. Vous pouvez vous libérer de vos tensions en vous réalignant sur ce qui vous fait du bien.

Videz les placards de ce que vous ne portez plus depuis des années, rangez vos classeurs et votre garage, nettoyez vos armoires et vos espaces de rangement. Vous vous sentirez si léger.

Naturellement, cela demande de l'énergie, mais l'énergie ressentie sera encore plus grande et apaisante lorsque tout sera complété. Vous libérez ainsi une énergie qui stagnait en vous. Cessez de remettre ces choses à plus tard. Commencez tiroir après tiroir, penderie après penderie, pièce après pièce et vous aurez ainsi terminé plus vite que vous ne le pensiez. Vous pourrez même vous surprendre à le faire avec enthousiasme.

L'UNIVERS COMBLE TOUJOURS LES ESPACES VIDES.

Vous démontrez ainsi à l'Univers que vous êtes prêt à accueillir de bonnes choses dans votre vie et que vous y faites même tout l'espace requis. Puisque l'Univers n'aime pas le vide et que vous dégagez une énergie positive, il mettra tout en oeuvre pour vous permettre d'avoir ce que vous désirez.

Il ne vous importe pas de savoir comment ces choses vont venir à vous. L'Univers se charge de ces détails. Vous devez avoir confiance! Vous n'avez pas besoin de prévoir d'argent pour acheter ces choses. Si c'est par un achat qu'elles doivent venir à vous, vous aurez l'argent pour les acheter.

Tous les effets dont vous désirez vous départir peuvent être vendus lors d'une vente de garage ou autre. Ils peuvent également être donnés à des organismes ou à des gens dans le besoin. Vous seriez surpris de voir combien de gens apprécieraient, comme des trésors, ce dont vous désirez vous débarrasser.

Il importe ici de préciser qu'il est préférable de ne pas utiliser l'argent recueilli pour le dépenser sur des gâteries futiles. Vous devez montrer à l'Univers que vous êtes sérieux dans votre démarche de réaliser vos rêves et que vous avez entièrement confiance. Vous pouvez utiliser ces sommes pour payer des dettes, investir dans votre fonds de liberté financière ou tout investissement qui rapporte des profits.

Aussi, par exemple, si vous désirez rencontrer la personne idéale qui partagera votre vie, essayez de faire de la place autour de vous pour les effets personnels de cette personne. Faites de la place et visualisez les vêtements de cette personne future dans votre penderie et tout autour. Vous envoyez ainsi un message clair à l'Univers que vous êtes prêt à accueillir cette personne dans votre vie.

Si vous désirez du mobilier pour votre salon, faites-lui une place immédiatement et imaginez-vous en train de le toucher et de l'apprécier en le voyant exactement tel qu'il sera disposé.

Si vous désirez un nouveau véhicule, allez essayer le modèle que vous préférez. Imprégnez-vous de son odeur, touchez ses textures, regardez et mémorisez ses moindres détails, écoutez le bruit du moteur et de la radio et ressentez toute la joie qui circule dans votre corps lors de l'essai routier. En revenant chez vous, assurez-vous qu'il y a une place de stationnement actuelle ou à venir, pour ce nouveau véhicule. Lorsque vous sortez de chez vous, regardez cet espace de stationnement en imaginant votre futur véhicule à cet endroit attendant patiemment... pour vous.

Inventez vos scénarios, allez-y ainsi en fonction de ce que vous désirez. L'Univers comblera ce vide, telle la nature qui comble les espaces de sol fertile par la végétation.

Actions recommandées

Faites de la place pour ce que
vous désirez dans votre vie.
Débarrassez-vous de ce qui stagne
autour de vous.
L'Univers comblera ce vide.

Chapitre 29

Neutraliser les mauvaises énergies.

*I*l est sage de quitter une situation tendue.

Nous savons tous que la colère est une énergie négative. Il existe une grande diversité d'émotions négatives. Pour vous expliquer mon opinion, je vais utiliser l'exemple de la colère comme émotion négative.

Certaines personnes ne peuvent contrôler leur colère ou certaines émotions négatives. Nous avons tous entendu des histoires sur des gens qui commettent des crimes sous l'effet d'une grande colère ou d'une émotion négative incontrôlée. La colère commence souvent par un évènement déclencheur ou des arguments qui deviennent plus intenses. Dans ce cas, chacun des interlocuteurs veut avoir raison.

Effectivement le fait de toujours vouloir avoir raison a un certain prix.

Nous connaissons tous des gens qui ont toujours raison. Seules leurs opinions comptent. Toute leur vie est axée sur le fait de toujours avoir raison. Sont-ils heureux, riches et en santé?

Pour ma part, je préfère me sentir bien et attirer l'abondance que d'avoir raison et rester malheureuse, pauvre ou malade.

Dans certaines situations, il est inutile de continuer les arguments puisque souvent, sous la tension et l'énergie négative, chacun des interlocuteurs a une vision limitée de la situation. En somme, chacun ne voit que sa version et sa perspective des choses. Dans une situation tendue, il est rare que les gens impliqués arrivent à trouver une solution.

Si l'on désire prendre le contrôle de notre vie et attirer ce que l'on désire, il importe de minimiser et même d'éliminer ces mauvaises énergies de notre vie. Puisqu'elles n'attirent rien de bon, à quoi bon garder ces mauvaises énergies près de nous. Rappelez-vous que pour attirer ce que vous désirez, vous devez vous sentir bien. Personne ne se sent bien dans un climat de colère ou d'hostilité.

Lors d'un séminaire auquel j'ai assisté, j'ai appris qu'une étude a été réalisée sur plusieurs sujets pour évaluer les pouvoirs de la colère. Une colère, simplement sans parole, mais avec l'émotion liée à la colère, peut tuer un hamster! Effectivement, une colère d'une seule minute dégage des gaz toxiques qui sont libérés par la bouche, le nez et le corps du sujet en colère. Ces gaz sont en quantité suffisante pour tuer un hamster. Wow! C'est quelque peu inquiétant!

Une minute de colère peut tuer un hamster.

Aussi, une colère qui dure quelques instants de plus peut tuer un cochon d'Inde. Le pire, c'est que l'étude stipule que le sujet en colère inhale les gaz produits. Ces gaz sont très nocifs pour la santé et rendent malade. La personne en colère croit qu'en se mettant en colère contre quelqu'un, elle envoie son énergie négative à cette personne et que, par le fait même, il est logique de croire que c'est l'autre personne qui prend tous les effets négatifs de la colère. Eh bien, ce n'est pas le cas…

C'est la personne en colère qui inhale les gaz toxiques, qui se rend malade, qui dégage et reçoit l'énergie négative et qui attire encore plus de négatif dans sa vie! C'est la Loi de l'Attraction qui se met à l'oeuvre… Tout ce que vous émettez vous revient. Cette personne se fait du mal à elle-même… Souvent, simplement pour avoir la satisfaction d'avoir raison. Naturellement, l'autre personne récolte certains des effets négatifs, mais c'est la personne en colère qui fait la grande récolte d'énergies négatives.

Lorsque vous vous trouvez dans une situation ou quelqu'un insiste pour avoir raison, soyez sage… Abandonnez les arguments et laissez la tension baisser. Si votre interlocuteur n'a plus personne avec qui poursuivre ses arguments, il devra automatiquement se calmer. Le climat sera alors plus propice pour trouver une solution. Si la situation persiste, partez, changez de place. Trouvez-vous quelque chose à faire.

ON PRÉSERVE
NOTRE ÉNERGIE POSITIVE
EN ÉVITANT
LES SITUATIONS TENDUES.

Cependant parfois nous devons affronter certaines situations qui sont pour nous de plus grands défis. Nous ne pouvons et ne devons pas fuir nos responsabilités.

Chez moi, lorsque quelqu'un commence à se fâcher, il y a toujours une autre personne qui mentionne quelque chose comme "*Attention pour ne pas tuer un hamster*". Lorsque la colère est plus intense, c'est quelque chose comme "*Attention aux chiens, énergie négative à l'horizon*". Ça fait sourire et baisser la tension.

En sensibilisant votre entourage aux effets nocifs d'une colère, chacun peut aider l'autre en lui rappelant l'histoire du hamster. L'attention est alors libérée vers un sujet plus cocasse.

Tout le monde apprécie de vivre dans une atmosphère calme et énergisante. Chacun peut ainsi vibrer positivement. En contribuant chacun à sa façon à minimiser l'ampleur et la fréquence des énergies négatives, nous créons un monde meilleur et plus calme où il fait bon vivre et évoluer.

☯ Actions recommandées

Rappelez-vous l'histoire du hamster.
Évitez et éloignez-vous des situations tendues.
Recherchez un climat calme et énergisant.

Chapitre 30

Comment créer?

$\mathcal{V}$ous êtes le créateur de votre vie.

Nous sommes des êtres avec des pouvoirs étonnants. Nous sommes sur terre pour faire nos expériences et évoluer. Nous sommes des êtres vivants comme toute chose dans la nature, mais nous bénéficions d'un atout extraordinaire, le pouvoir de la pensée qui crée notre réalité.

J'aime comparer notre évolution à la vie d'un arbre. Chaque arbre est unique et parfait en soi. Il est programmé pour s'adapter, se développer et atteindre son plein potentiel. Il existe pour combler un besoin dans le cycle de vie créé par l'Univers.

L'arbre débute par une graine dans laquelle son ADN est imprégné. S'il est destiné à être un chêne, il ne peut devenir un sapin. Avant de s'ouvrir sur le monde, il développe ses racines et trouve tout ce dont il a besoin pour créer son équilibre afin de devenir fort. Lorsque ses racines seront suffisamment développées, il laissera sortir sa petite tige du sol. Il puisera toute sa nourriture et ses forces, des éléments de la nature, de l'eau, du sol, du soleil, de la fraîcheur de la nuit et de son environnement qui l'entoure.

Afin de grandir plus fort, l'arbre doit renforcer ses racines. Chaque étape de sa croissance visible par-dessus le sol est précédée par un renforcement toujours constant de ses racines. Il grandira et évoluera toujours. De bonnes racines produiront de bons fruits. Pour modifier la qualité des fruits, il faut toujours modifier la qualité des racines par des engrais, vitamines ou autres.

Lorsque l'arbre cesse d'évoluer, il commence à dépérir et à mourir. Si un arbre n'évolue pas, il meurt et se transforme. Il en est ainsi pour tout élément de la nature.

Comparons maintenant notre évolution.

Chaque humain est unique et parfait en soi. Il est programmé pour s'adapter, se développer et atteindre son plein potentiel. Il existe pour combler un besoin dans le cycle de vie créé par l'Univers.

L'humain débute par une cellule dans laquelle son ADN est imprégné. Avant de s'ouvrir sur le monde, il développe ses croyances et trouve tout ce dont il a besoin pour créer son équilibre afin de devenir fort. Lorsque ses croyances seront suffisamment fortes, il laissera sortir son potentiel et son authenticité. Il puisera toute son énergie et ses forces, des éléments de la nature, de sa dimension spirituelle, de ses parents, de ses professeurs, des médias et de son environnement qui l'entoure.

Afin de grandir plus fort, l'humain doit renforcer ses croyances. Chaque étape de sa croissance et de son évolution est précédée par un renforcement toujours constant de ses croyances. Il grandira et évoluera toujours. Le choix de ses croyances dicte ses résultats. De bonnes croyances produiront de bons résultats.

POUR MODIFIER LA QUALITÉ DES RÉSULTATS, IL FAUT TOUJOURS MODIFIER LA QUALITÉ DES CROYANCES.

Pour évoluer et passer à un niveau supérieur et ainsi améliorer ses résultats, l'humain doit toujours au préalable modifier et améliorer ses croyances. Lorsque l'humain cesse d'évoluer, il commence à dépérir et à mourir. Si l'humain n'évolue pas, n'apprend plus et, en fin de compte, s'il reste stagnant tout comme l'arbre, il dépérit, meurt et se transforme.

En résumé, si vous n'aimez pas vos résultats actuels (votre poids, votre vie amoureuse, votre carrière, votre situation financière...), vous devez changer et renforcer vos croyances. N'oubliez pas, vos croyances actuelles ont créé votre vie actuelle et les expériences que vous vivez maintenant et dans un avenir rapproché.

Comme pour modifier la qualité des fruits produits par un arbre, on doit renforcer ses racines, alors il en va de même pour nous les humains. Modifiez vos croyances et votre vie entière, ainsi vos résultats se transformeront.

Vous pouvez décider, ici et maintenant, de continuer à vivre votre vie selon les courants qui vous portent ou vous pouvez décider de prendre le contrôle de votre vie et avoir, être et faire ce que vous désirez.

Nous sommes tous venus sur cette terre pour vivre notre plein potentiel en expérimentant et testant nos pouvoirs créatifs.

TOUT EST POSSIBLE.
CRÉEZ VOS RÊVES EN PENSÉE,
AVEC DES ÉMOTIONS PUISSANTES.
LA CLÉ PERMETTANT D'ACCÉDER AU
FUTUR DONT VOUS RÊVEZ
EST DANS VOTRE ESPRIT.

Je vous révèle maintenant toutes les étapes du **Processus de Création** que je vous propose. Ce sont des étapes que j'ai appliquées intuitivement dans ma vie et qui ont livré et livrent toujours de merveilleux résultats. J'ai été inspirée à suivre ces étapes. Une force indescriptible me guide. Elle nous guide tous. Il suffit de savoir écouter.

Adoptez les étapes du **Processus de Création** et je puis vous assurer que votre vie se transformera d'une façon admirable et inattendue. Tout réside dans votre esprit. Il est vrai que vous devez faire certains efforts. Mais votre vie de rêve ne vaut-elle pas quelques efforts? N'oubliez pas que ce processus de création devient toujours plus facile après l'avoir utilisé à quelques reprises.

Voici les étapes de mon processus de création:

Processus de Création "Touch of Nature"

1) Être reconnaissant pour tout ce qui est beau et bon.

2) Constater ce que vous ne voulez plus.

3) Définir ce que vous désirez.
   (Je veux – Pourquoi?)

4) Élaborer votre intention (votre désir) et la mettre par écrit.

5) Formuler des affirmations qui soutiennent votre intention (désir).

6) Croire avec certitude que c'est possible.

7) Visualiser votre vie avec votre intention réalisée.

8) Faire comme si votre intention est réalisée.

9) Prendre action pour réaliser votre intention (désir).

10) Se détacher des résultats, lâcher prise.

Toutes ces étapes sont simples. La formule n'est pas compliquée. Le secret réside dans l'**énergie avec laquelle vous mettez cela en application.**

Vous ne devez pas rendre ce processus de création difficile. C'est facile, amusant, naturel et si puissant. Faites-le en vous amusant avec votre famille et les enfants. C'est si facile lorsqu'on s'y met simplement pour s'amuser.

TOUT EST QUESTION D'ÉNERGIE (DE FEELING).

La science quantique prouve maintenant que nos pensées, nos sentiments et nos énergies créent et modifient la matière. Ce n'est pas quelque chose d'irréel ou de fictif. Ceci est vrai et maintenant prouvé par la science. De nombreuses expériences sont réalisées sur ce sujet.

Notre société commence à s'ouvrir sur cette nouvelle réalité. Nous n'avons toutefois que des connaissances embryonnaires sur la Loi de l'Attraction. Comme à une certaine époque où tout le monde croyait que la terre était plate et qu'il fut prouvé qu'elle était ronde, aujourd'hui nous découvrons que nous sommes des créateurs. Nous ne savons toutefois pas encore comment optimiser notre pouvoir créateur pour atteindre notre plein potentiel.

Pour ma part, j'applique les étapes du Processus de Création que je vous propose. En procédant ainsi, je réalise mes rêves. Cette méthode fonctionne vraiment bien avec le niveau de connaissances que j'ai maintenant.

Je me passionne pour tout ce qui touche la crois-sance personnelle depuis de nombreuses années et j'apprends constamment de nouvelles choses. J'expérimente et me perfectionne avec mes propres expériences. Je m'amuse et je réalise ma vie de rêve.

Dans un avenir prochain, peut-être plus proche qu'on ne le croit, peut-être trouverons-nous de nouvelles méthodes aussi puissantes qu'une baguette magique. Je l'espère bien… Wow! Comme ce serait amusant!

☯ Actions recommandées

Appliquez les étapes du
processus de création "Touch of nature".
Faites-les avec conviction et en y mettant
votre merveilleuse énergie.
Vous réaliserez vos rêves.

Chapitre 31

Choisir de penser aux solutions.

*L*es solutions nous donnent de l'énergie.

Les gens heureux ne sont pas des gens qui n'ont pas de problèmes, ce sont simplement des gens qui concentrent leur attention sur les solutions.

Réfléchissez à cette évidence. Ceci est tellement puissant. Tant que vous pensez, retournez, et revivez le problème, vous l'amplifiez et vous vous laissez diriger par cette situation. Vous devenez une victime. Vous tournez en rond et n'attirez rien de plus que des problèmes et encore des problèmes.

Vous avez le pouvoir à tout moment de prendre le contrôle sur vos pensées. Vous pouvez le faire si rapidement comme un claquement de doigts. Vous n'avez qu'à mettre votre attention sur des solutions. Voilà qui est beaucoup plus constructif. Il y a toujours une ou plusieurs solutions à chaque problème.

LORSQUE VOUS ÉPROUVEZ UN PROBLÈME, DIRIGEZ VOTRE ATTENTION SUR LES SOLUTIONS. C'EST TOUJOURS PLUS ÉNERGISANT.

Vous pouvez vous poser la question "*Que puis-je faire pour régler ce problème?*".   Des solutions, des images et des indices envahiront votre esprit.   Restez calme et analysez froidement les possibilités.   Vous saurez au fond de vous, la solution la mieux adaptée pour solutionner votre problème.

Pendant que vous évaluez et pensez aux solutions, vous détournez votre attention du problème.   Ceci est vraiment important.   Vous ouvrez ainsi la porte à de nouvelles possibilités.

Parfois vous sentez le besoin de consulter quelqu'un pour clarifier votre choix ou simplement pour vous aider à analyser vos différentes options.   Un véritable ami ou quelqu'un qui vous connaît bien peut vous apporter son soutien.   Mais évitez surtout d'en parler à une personne qui est de nature négative.   Soyez sélectif avec les personnes à qui vous faites confiance.

Je crois que nous générons inconsciemment des problèmes afin de nous permettre d'évoluer.   Il est possible que la vie vous présente des situations de défis sous diverses formes.   Vous devez régler ces situations et/ou trouver un moyen de vous y adapter.   Il importe toutefois que vos défis ne soient pas les mêmes que ceux que vous avez déjà rencontrés, car si ce sont toujours les mêmes, cela signifie que vous n'avez pas évolué ou que vous n'avez pas réglé ce que vous deviez régler.

Nous devons régler le problème une fois pour toutes et passer à autre chose. C'est ainsi que nous évoluons.

**SI UN PROBLÈME NOUS SEMBLE IMMENSE,
C'EST QUE NOUS NOUS SENTONS
PLUS PETIT QUE LE PROBLÈME.
NOUS DEVONS ÉVOLUER AFIN DE
NOUS SENTIR PLUS GRAND
QUE NOS PROBLÈMES.**

Prenons un exemple.

Vous conduisez en direction de votre rendez-vous pour rencontrer un nouveau client. Vous avez bien organisé et noté les directions à suivre. Tout à coup, la circulation est déviée à cause d'un accident de la route. Avec ce détour, vous manquez la route que vous deviez prendre selon les indications notées. Vous pouvez vous énerver et vous imaginer en retard, mais ceci ne règlera pas la situation. Vous pouvez raconter votre anecdote encore et encore et vous dire que cela n'arrive qu'à vous ou que c'est toujours pareil. Avec de telles pensées, c'est garanti que vous arriverez en retard... si vous arrivez. Si vous continuez à penser que vous êtes vraiment malchanceux et que vous ruminez encore le problème en arrivant chez le client, il est évident que votre rencontre ne pourra être productive. Comment peut-il en être autrement? Vous vibrez tout simplement en mode *"attraction de problème"*.

Pensez plutôt aux solutions... Si vous ne savez plus où aller, trouvez un endroit pour vous arrêter et demandez à quelqu'un s'il peut vous aider. Les gens sont habituellement très heureux de pouvoir vous aider. Vous pouvez toujours trouver une façon pour arriver à votre destination avec le sourire, confiant et positif. Avec une telle attitude, votre rencontre a de meilleures chances d'être productive et de se terminer d'une façon positive.

Tout est dans votre attitude. Vous pouvez choisir maintenant de joindre le groupe des gens heureux qui font le choix de voir les problèmes, mais de se concentrer sur les solutions. C'est une façon de vivre qui se développe avec la pratique. C'est ainsi qu'on évolue!

☯ Actions recommandées

Faites le choix qui vous permet d'évoluer
et de progresser dans la vie.
Portez votre attention sur les solutions
plutôt que les problèmes.

Chapitre 32

Mes désirs sont mes secrets

*C*hacun a le droit à son jardin secret.

Afin de créer, certains diront que vous devez dire aux autres ce que vous désirez manifester. Cela croient-ils, permet de simuler la situation désirée. Faire comme si c'était vrai afin que le tout se réalise plus rapidement. C'est une façon de voir…

Peut-être que cela fonctionne pour certains, mais pour ma part j'aime bien conserver mon petit jardin secret pour certaines situations. Ce que je demande à l'Univers, par écrit ou spontanément, est très personnel.

Lorsque je demande quelque chose, je **crois** que je peux l'avoir. Ma conviction et ma détermination sont très fortes et j'ai une vision claire de mon désir réalisé. J'envoie ainsi des vibrations créatrices à l'Univers.

Je joue avec mes idées et je questionne. Parfois même, je change d'idée pendant le processus de création. J'ai le droit puisque ce sont mes pensées, mes désirs. Je n'ai pas à justifier mes pensées et mes inspirations. Je crois que je suis le créateur de ma vie.

Dès que je mentionne à des gens ce que je désire manifester, la plupart sont sceptiques. Certains commencent alors à critiquer, à essayer de me convaincre que c'est impossible ou à s'imaginer que je n'ai pas toute ma tête. Je dois alors essayer de les convaincre ou de les rassurer. Cela fait tomber mon énergie et me fait douter. Je n'ai pas à perdre mon énergie à justifier ce que je désire créer.

Alors maintenant, je crée avec les anges et les forces de l'Univers, simplement en utilisant les étapes de mon Processus de Création.

Parfois, je peux jongler et écrire de nombreux jours de suite sur une demande particulière. Je pose des questions. Cette technique fonctionne vraiment bien.

DEMANDEZ CLAIREMENT À L'UNIVERS ET CROYEZ QUE VOUS AVEZ DÉJÀ REÇU.

Voici un exemple d'une situation qui s'est produite dans ma vie.

À une période de ma vie, mon époux et moi avions proposé à mon beau-père d'acheter sa résidence et de la convertir en maison bi-générations. Cela, lui aurait permis de loger avec nous, tout en ayant son propre appartement attaché à la maison. L'idée a été acceptée.

Nous avons fait dessiner les plans d'architecte et proposé le projet. Mon beau-père était comblé et nous parlait avec enthousiasme de son futur chez-soi. Nous n'avions pas fait signer de document de vente car il disait que l'on réglerait le tout plus tard.

Nous avons mis notre résidence familiale en vente et elle s'est vendue très rapidement. Nous avions négocié quelques mois avant de libérer notre maison. Lorsque nous avons demandé à mon beau-père de finaliser l'acquisition de sa maison afin de débuter les travaux d'aménagement, il nous informa qu'il n'était plus prêt. Il désirait garder sa maison. Il s'excusait. Il avait changé d'idée.

Wow, c'était vraiment inattendu! Nous n'avions plus de maison et nous devions trouver un endroit pour relocaliser notre famille de cinq enfants. Nous avons débuté la recherche d'une nouvelle maison et fait de nombreuses offres d'achat. Rien ne fonctionnait. Finalement, nous avons loué une maison inhabitée tout en poursuivant notre recherche pour une nouvelle maison. Après quelques mois, le propriétaire de la résidence que nous occupions temporairement voulait reprendre sa maison...

Encore une fois, nous avons déménagé. Heureusement, un ami nous a proposé d'occuper sa résidence qui était libre et à vendre. Naturellement, advenant la vente de cette maison, nous devions libérer les lieux immédiatement. C'était maintenant rendu une habitude…

Cette période a été une étape très difficile. Nous travaillions à temps plein, Sylvain et moi.

De plus, je devais être à notre centre équestre les fins de semaine et parfois en soirée. Nous n'avions aucun répit et ces déménagements m'épuisaient. D'autant plus que Megan, notre plus jeune fille, était très jeune et buvait encore à la bouteille.

Toutes les responsabilités liées à mon travail au gouvernement, à notre entreprise en démarrage (centre équestre), à nos jeunes enfants, à l'absence d'un chez-soi et à la tension constante de devoir être obligés de déménager dans des délais très courts, sans jamais savoir où nous allions aller, me créaient beaucoup de stress. Je me sentais pressée de toutes parts.

Je puisais mon énergie dans la nature et les chevaux. Je respirais l'air frais. J'appréciais les moments de joie et le fait d'être si proche de toute ma famille (effectivement nous vivions très, très à l'étroit).

Comment avions-nous pu nous mettre dans une telle situation? Quant aux enfants, elles aimaient ces changements et se sentaient un peu comme en camping. Elles riaient et s'amusaient. J'aimais sentir mes filles heureuses.

Nous avions une montagne de boîtes non ouvertes et nous fonctionnions avec le strict minimum. Moi qui avais toujours privilégié une maison bien rangée et propre, j'habitais dans des endroits qui ne me plaisaient pas du tout.

Nous avons redoublé d'ardeur pour la recherche d'une maison. Bizarrement, toutes nos offres étaient refusées pour diverses raisons.

Finalement, un soir dans ma chambre alors que j'étais seule, j'ai questionné l'Univers :

"Pourquoi toutes nos offres d'achat sont-elles refusées?"
"Qu'est-ce qui nous attend?"
"Où doit-on aller?"

J'ai ensuite déclaré ce que je ne voulais plus. Je ne voulais plus être obligée de déménager. Ensuite, j'ai affirmé clairement ce que je désirais.

Personne ne savait ce que je demandais à l'Univers. J'avais décidé de demander à ma façon, dans mon jardin secret imaginaire…

Le lendemain, nous avons été inspirés à visiter un nouveau développement domiciliaire pour vérifier s'il y avait des terrains à vendre. Le terrain idéal nous attendait. Nous avons immédiatement fait une offre d'achat et le tout fut accepté. J'étais aux anges.

Quelques jours plus tard, le plan de la future maison était choisi. Sylvain a creusé les fondations et nous avons contracté les différents spécialistes pour la construction de la maison. Nous y avons mis toute notre énergie et notre cœur. Plusieurs mois plus tard, nous avons déménagé dans cette nouvelle maison. Elle était prête juste à temps puisque… nous devions, de nouveau, libérer la maison que nous occupions temporairement car elle était vendue.

Voilà comment l'Univers livre nos désirs. Jamais au grand jamais, je n'aurais espéré avoir une maison neuve comme celle-ci.

Dès que j'ai demandé et énoncé clairement ce que je désirais, l'Univers a tout organisé pour nous. Tout était si facile. L'Univers, encore une fois, a livré tellement plus que je n'avais espéré. J'aime cette maison. C'est un cadeau de l'Univers.

Cet exemple vous explique comment j'ai demandé à l'Univers. C'est toujours si spontané. Je parle et j'écris avec mon cœur, avec mes émotions. C'est mon jardin secret.

Si vous le désirez, vous pourrez partager vos techniques de réalisation lorsque votre désir sera réalisé. Toutefois, vous pourrez rencontrer des gens qui douteront et qui pourront vous faire douter. Les énergies sont contagieuses. Ne laissez personne vous décourager.

Après tout, c'est vous qui créez votre vie. Vous n'avez pas à vous justifier…

☯ Actions recommandées

Faites vos demandes spontanément à l'Univers.
Gardez-les pour vous.
Créez votre propre jardin secret
avec vos demandes que vous gardez
dans votre cœur.

Chapitre 33

Conclusion

C e n'est pas la fin, mais le début de votre nouvelle vie!

Vous avez assimilé une grande quantité d'informations très puissantes qui ont le pouvoir de transformer votre vie. Toutefois, vous devez prendre la décision de les mettre en application afin que de merveilleux changements puissent s'opérer.

Si vous avez pris action et mis en pratique les outils qui vous inspirent, qui raisonnent avec votre personnalité, il est évident que des changements et des victoires apparaissent déjà. C'est la Loi de l'Attraction qui est toujours infaillible. L'Univers livre toujours ce sur quoi vous portez votre attention.

Voici les étapes qui transforment votre vie :

1. Acceptez votre responsabilité pour les conditions actuelles de votre vie. Cessez d'être une victime et de rendre les autres responsables de ce que vous avez attiré. Vous êtes le créateur de votre vie. Vous avez attiré votre vie actuelle avec vos croyances, vos pensées et vos émotions. Si votre vie actuelle

ne vous plaît pas, vous devez faire des changements au niveau de vos croyances, vos pensées et vos émotions. Pour changer votre vie, vous devez changer votre façon de faire et développer des habitudes créatrices.

2. Décidez ce que vous désirez maintenant et pour votre futur. Soyez déterminé et constant. Portez toute votre attention sur vos objectifs. Ces désirs doivent réveiller une passion intense en vous.

3. Soyez positif et entourez-vous de gens positifs. Inspirez-vous de la nature et trouvez votre façon de puiser une énergie constante.

4. Soyez reconnaissant pour ce que vous avez et pour toutes vos petites ou grandes victoires.

5. Prenez des actions constantes. La répétition est la clé pour implanter des changements durables. Utilisez les méthodes ou les outils que je vous ai proposés tout au long de ce livre. Sélectionnez ceux qui raisonnent vraiment avec vous.

6. Faites ce que vous aimez, ce qui vous stimule.

7. Dégagez de l'amour et aidez les autres.

8. Servez-vous de vos victoires petites ou grandes pour vous stimuler à atteindre de plus grands objectifs.

9. Profitez pleinement de la nature chaque jour. C'est un oasis d'énergie.

10. Souriez car votre vie se transforme de façon si positive.

Si vous décidez aujourd'hui de modifier de façon positive, ne serait-ce qu'une pensée, un comportement, une habitude, vous êtes sur la voie du succès et la réalisation d'une vie meilleure.

VOUS POUVEZ LE FAIRE !

Vous pouvez y arriver car vous êtes un créateur. Vous avez le pouvoir de créer la vie de vos rêves! Vous pouvez être, avoir et faire ce que vous désirez avec ce que vous imaginez et ressentez. Votre esprit est la clé qui vous donne accès à vos rêves.

Votre bonheur est si près…

Toutefois, vous ne trouverez pas le bonheur dans des choses matérielles. Votre bonheur est en vous! Il suffit de le laisser sortir et prendre son envol comme l'oisillon qui quitte son nid pour savourer la vie.

Pour ma part, j'ai apprécié partager mon récit et mes outils avec vous. Si j'ai pu vous inspirer à vous améliorer et, par le fait même, à améliorer votre vie, alors je suis comblée! Mon rêve se réalise.

En changeant une pensée à la fois, une personne à la fois, nous contribuons tous à faire un monde meilleur pour tous.

À vos succès présents et à venir!

Je vous aime! L'Univers aussi vous aime…

Bibliographie

Certaines informations, dans ce livre, proviennent de sources variées (livres, documents Internet et enregistrements). Je vous propose quelques lectures que j'ai appréciées et qui pourront vous inspirer. Certains ne sont pas disponibles en français. Vous pouvez également vous référer à nos sites Web pour de nombreux outils permettant de générer l'abondance et la prospérité dans votre vie:

www.abondanceparlanature
www.abundancethrunature.com

Allen, James: As a man thinketh
Andrews, Andy: L'homme qui donnait son avis
Audlin, Mindy: What if it all goes right?
Burchard, Brendon: The millionaire messenger
Byrne, Rhonda: Le secret
Byrne, Rhonda: The power
Canfield, Jack : Le succès selon Jack
Covey, Stephan R : Les 7 habitudes de ceux qui réalisent
                              tout ce qu'ils entreprennent
Dyer, Dr Wayne : Le pouvoir de l'intention
Eker, T Harv : Les secrets d'un esprit millionnaire
Forster, Sandy: How to be wildly wealthy fast
Haanel, Charles F. : La clé de la maîtrise
Hill, Napoléon : Pensez et devenez riches
Morel, Marc-André : La cinquième saison
Murphy, Joseph : La puissance de votre subconscient

Peck, Scott : Le chemin le moins fréquenté
Ponder, Catherine : Les lois dynamiques de la prospérité
Proctor, Bob: High self-esteem and unshakable confidence
Robin, Anthony : Pouvoirs illimités
Shimoff, Marci: Happy for no reason
Vitale, Joe : Le facteur d'attraction
Vitale, Joe : Zéro limite
Wattles, Wallace D. : La science de la grandeur

Au sujet de l'auteure

Sylvie Vallée est née à Ottawa en Ontario, mais passera une grande partie de son enfance au Québec, au Canada. Elle est deuxième d'une famille de trois enfants. Elle a vécu les premières années de son enfance sur des bases militaires, puisque son père était militaire.

Très jeune, elle développe l'amour pour la nature, les chevaux et les chiens. Cela se reflète dans ses dessins. Plutôt solitaire, Sylvie perfectionne ses aptitudes manuelles. Elle adore créer. Dans ses temps libres, elle s'isole dans la nature avec son chien. Elle reste active en pratiquant du sport.

Après ses études en informatique, elle débute sa carrière de gestionnaire informatique pour le gouvernement. Elle gravit les échelons en développant ses aptitudes de gestion, de leadership et d'organisation. Spontanément, les gens au travail viennent lui parler de leurs problèmes et de leurs défis. On la qualifie amicalement de psychologue. Elle est à l'écoute des gens et apprécie pouvoir les aider à trouver des solutions. Elle comprend que les gens aiment se sentir écoutés et soutenus.

Elle développe un intérêt pour tout ce qui traite de la croissance personnelle. Pendant ses temps libres, elle apprend tout ce qu'elle peut sur ce sujet.

Elle œuvre en gestion de projets informatiques. Ses connaissances et expériences seront la base pour les projets immobiliers qu'elle affectionne.

Très axée sur la famille, elle s'est mariée à 21 ans. Elle expérimentera la maternité 8 fois, avec trois fausses couches et cinq merveilleuses filles. Elle adore les enfants.

Épouse, mère de 5 enfants, responsable de nombreux projets et entrepreneure, elle organise son temps pour mener à bien ses responsabilités et vivre avec passion.

Son parcours rempli de défis, lui permet de développer différents talents et des techniques de création. L'appel de la nature l'incite à faire des choix qui transforment sa vie.

Avec son époux Sylvain et leurs cinq filles, elle développe une entreprise familiale qui éveille des passions. Elle mettra sur pied des projets de formation par l'équitation pour les enfants ainsi que pour les adultes. L'authenticité des services offerts enchante la population.

Elle se consacre à ce qui la passionne: la famille, la croissance personnelle, les chevaux, la nature et l'immobilier. Elle apprend tout le temps et partage son savoir de façon naturelle et amusante. Le matériel qu'elle développe pour aider les gens à franchir leurs limitations les propulse vers de nouveaux sommets.

Son esprit bourdonne de projets. Elle adore la vie et son enthousiasme est contagieux. Elle est inspirée.

À sa façon, elle contribue à faire un monde meilleur en aidant les familles à améliorer leur vie.

Une pensée à la fois et une personne à la fois!

Sylvie est une entrepreneure et auteure dynamique, authentique et inspirante. Elle aide les familles à comprendre comment optimiser leur façon de penser, parler, ressentir et vibrer, afin de pouvoir attirer tous leurs rêves.

Pour obtenir de l'information sur le matériel gratuit, les produits et les ateliers de Sylvie Vallée et qui portent sur le développement personnel, vous pouvez visiter :

www.abondanceparlanature,com
www.abundancethrunature.com

www.ingramcontent.com/pod-product-compliance
Lightning Source LLC
Chambersburg PA
CBHW071949090426
42740CB00011B/1864